Pedro de Valdivia

Cartas de Pedro de Valdivia que tratan del descubrimiento y conquista de Chile

Barcelona 2024
Linkgua-ediciones.com

Créditos

Título original: Cartas de Pedro de Valdivia.

© 2024 Red ediciones S.L.

e-mail: info@linkgua.com

Diseño de cubierta: Michel Mallard.

ISBN tapa dura: 978-84-1126-284-2.
ISBN rústica: 978-84-9816-558-6.
ISBN ebook: 978-84-9897-024-1.

Sumario

Brevísima presentación

En 1539, tras obtener de Francisco Pizarro el título de teniente gobernador de Chile, Valdivia inició los preparativos de la expedición que partió
de Cuzco a mediados de enero de 1540. La presente antología contiene
cartas escritas entre 1545 y 1552, dirigidas, entre otros, a Gonzalo Pizarro
y al emperador Carlos V. Resultan interesantes además las alusiones a las
fuentes financieras de la expedición y a sus expectativas políticas.

Gonzalo Pizarro. Santiago 20 de agosto de 1545

Magnífico señor: La carta de vuestra merced escrita en Lima a los 14 de marzo del año pasado de 1543, recibí, que me trajo Gaspar Orense. Las manos de vuestra merced beso por lo que dice haberse holgado de mi saluda de verme enviar por gente, que es señal he topado contento de ella; así es en verdad y, nunca tuve menos según con la voluntad con que me hizo la merced el Marqués, mi señor, que haya gloria; y así sentí la pérdida de vuestra merced y mal suceso de su descubrimiento; y pues vuestra merced tiene salud, por ella doy muchas gracias a Dios, que la hacienda, como vuestra merced dice, Él la da cuando es servido, y hace al contrario de ella.

De la muerte del Marqués, mi señor, no hay que decir sino que la sentí muy dentro del ánima y cada vez, que me acuerdo, lloro con el corazón lágrimas de sangre, y tengo una pena que mientras viviere, durará por no me poder haber hallado a la satisfacción de la venganza, y por lo mismo tengo la habrá sentido y sentirá vuestra merced al doblo: y pues tal sentencia estaría de Dios pronunciado, démosle gracias por ello, y a todos los deudos, criados y servidores de su Señoría nos es gran consuelo saber que fue martirizado por servir a su Majestad, a manos de sus deservidores, y que la fama de sus hazañas hechas en acrecentamiento de su Real patrimonio y cesárea autoridad vive y vivirá en la memoria de los presentes y por venir, y saber que su muerte fue tan bien vengada por el ilustre señor Gobernador Vaca de Castro, cuanto lo fue por Otaviano la de Julio César. Y dejado aparte que por el valor de su Señoría obliga a todos a tenerle por señor y padre, por la merced tan grande que en ello se nos hizo, hemos de servirle con las haciendas y vidas en tanto que duraren, hasta aventurarlas y perderlas, si fuere menester, en su servicio como yo lo haré siempre, aunque en ello aventuramos antes a ganarlas, y lo mismo escribo al señor Hernando Pizarro, dándole larga cuenta de lo por mí pasado después que de su merced me partí, porque sé que se holgará. Y en lo que yo perdí, no quiero hablar, porque si vuestra merced perdió hermano, yo, señor y padre, y por lo mismo que vuestra merced me dejo de alargar en este caso. A su Majestad escribo un capítulo en mi carta suplicándole haga las mercedes a esos huerfanitos para que se sustenten en su servicio como hijos de quien eran; y al señor

Gobernador suplico asimismo en mi carta los tenga so su protección y amparo, favoreciéndolos con su Majestad y V. M. tiene mucha razón de dar gracias a Dios por haber traído, a tal coyuntura, a esas tierras tan valeroso caballero y señor y su Majestad le proveyó cual convenía para la necesidad de ellas: suplico a vuestra merced le tenga en el lugar que al Marqués mi señor, porque yo creo, según me dicen de su Señoría, desea en todo la honra y acrecentamiento del señor Hernando Pizarro y de vuestra merced y sustentación con toda autoridad de esos señoritos huérfanos, y en proveer a vuestra merced por tutor de ellos fue muy acertado, porque ternán así padre y vuestra merced los mirará como a hijos y como de tales hará sus cosas.

Como supe la muerte del Marqués, mi señor, proveí en hacer sus honras y cabo de año, por poder prevenir a su ánima con algunos sufragios; pues con su persona honro la mía, quisiera tener aparejo para hacerlas tan suntuosas cuanto el valor y ser de su persona merecía; pero Dios reciba mi voluntad y en lo de adelante terné, mientras viviere, el mismo cuidado, como soy obligado y lo debo.

Acá llegó Gaspar Orense y en verdad su persona es la que vuestra merced en su carta dice, y después que, vino ha mucho y muy bien servido a su Majestad en esta tierra, y así por esto como por mandarme vuestra merced le haya por encomendado y haber corrido una misma fortuna con vuestra merced, le he dado un muy buen cacique con mil y quinientos indios, cuarenta leguas de esta ciudad, que han de servir en la que poblare en la provincia de Rauco, que es veinte leguas de allí: y lo mismo haré con todos los servidores y criados del Marqués, mi señor, y del señor Hernando Pizarro y de vuestra merced que por acá vinieren, que para les hacer bien no es menester saber más de que lo son, cuanto más, escribiéndome vuestra merced en su recomendación; y si a algunos caballeros desea vuestra merced que tengan de comer, por amor, cargo o amistad que les tenga, envíemelos acá, que yo cumpliré con ellos lo que vuestra merced no pudo por salirle su designo al revés.

Ahora despacho al capitán Alonso de Monroy, mi teniente general, a esas provincias, e irá a la ciudad del Cuzco y a donde estuviere el señor Gobernador, a darle mis cartas y cuenta de estas partes. Hele mandado bese las manos a vuestra merced de mi parte y le dé razón de todo lo que de mí querrá saber y de esta tierra.

También vino con su navío el capitán Juan Baptista de Pastene acá, y le hice mi teniente general en la mar, por haber sido criado y servidor del Marqués, mi señor, y ser hombre para ello, y le torno a enviar a la ciudad de Los Reyes a que me traiga armas y pólvora y la gente que quisiere venir, y si hallare acaso allí a vuestra merced, haga el mismo oficio; y suplico a vuestra merced sea servido de me mandar avisar de la salud de su magnífica persona y de todo lo demás que a vuestra merced pareciere, diciéndome asimismo del señor Hernando Pizarro si tiene vuestra merced carta suya y nuevas de Corte y del suceso de sus negocios, que de todo me holgaré como de los propios, mayormente si van guiados en el descanso y acrecentamiento de vuestras mercedes.

A esos señores todos beso las manos de sus mercedes, y sepan que los tengo de tener en el lugar que a mi padre para los servir como lo hiciera a él.

Como supe la muerte del Marqués, mi señor, hice sus honras y cabo de año lo mejor que me dio lugar la posibilidad: quisiérala tener tan grande, que en ello se pudiera dar a entender las grandes proezas y hazañas que en la vida hizo a su Majestad. Siempre terné memoria de subvenir a su ánima con sufragios.

A esos señores todos beso las manos, y Nuestro Señor guarde y prospere la magnífica persona de vuestra merced con el acrecentamiento que merece. De esta ciudad de Santiago, a 20 de agosto 1545. De vuestra merced muy cierto servidor que sus manos besa.

Pedro de Valdivia.

Al emperador Carlos V. La Serena, 4 de septiembre de 1545

S. C. C. M.:

Cinco años ha que vine de las provincias del Perú con provisiones del Marqués y gobernador don Francisco Pizarro a conquistar y poblar estas de la Nueva Extremadura, llamadas primero Chili, y descubrir otras adelante, y en todo este tiempo no he podido dar cuenta a V. M. de lo que he hecho en ellas por haberlo gastado en su cesáreo servicio. Y bien sé escribió el Marqués a V. M. cómo me envió, y desde ha un año que llegué a esta tierra envié por socorro a la ciudad del Cuzco al capitán Alonso de Monroy, mi teniente general, y halló allí al gobernador Vaca de Castro, el cual asimismo escribió a V. M. dando razón de mí, y otro tanto hizo el capitán Monroy, con relación, aunque breve, de lo que había hecho hasta que de aquí partió, y tengo a muy buena dicha hayan venido a noticia de V. M. mis trabajos por indirectas, primero que las importunaciones de mis cartas, para por ellos pedir mercedes, las cuales estoy bien confiado me las hará V. M. en su tiempo, con aquella liberalidad que acostumbra pagar a sus súbditos y vasallos sus servicios; y aunque los míos no sean de tanto momento cuanto yo querría, por la voluntad que tengo de hacerlos los más crecidos que ser pudiesen, me hallo merecedor de todas las mercedes que V. M. será servido de me mandar hacer y las que yo en esta carta pediré; en tanto que los trabajos de pacificar lo poblado me dan lugar a despachar y enviar larga relación de toda esta tierra y la que tengo descubierta en nombre de V. M., y la voy a conquistar y poblar, suplico muy humillmente me sean otorgadas, pues las pido con celo de que mi buen propósito en su real servicio haga el fruto que deseo, que ésta es la mayor riqueza y contentamiento que puedo tener.

Sepa V. M. que cuando el Marqués don Francisco Pizarro me dio esta empresa, no había hombre que quisiese venir a esta tierra, y los que más huían de ella eran los que trajo el adelantado don Diego de Almagro, que como la desamparó, quedó tan mal infamada, que como de la pestilencia huían de ella; y aún muchas personas que me querían bien y eran tenidos por cuerdos, no me tuvieron por tal cuando me vieron gastar la hacienda que tenía en empresa tan apartada del Perú, y donde el Adelantado no había perseverado, habiendo gastado él y los que en su compañía vinieron más de quinientos mil pesos de oro; y el fruto que hizo fue poner doblado ánimo a estos indios; y como vi el servicio que a V. M. se hacía en acreditársela, poblándola y sustentándola, para descubrir por ella hasta el Estrecho de Magallanes y Mar del Norte, procuré de me dar buena maña, y busqué prestado entre mercaderes y con lo que yo tenía y con amigos que me favorecieron, hice hasta ciento y cincuenta hombres de pie y caballo, con que vine a esta tierra; pasando en el camino todo grandes trabajos de hambres, guerras con indios, y otras malas venturas que en estas partes ha habido hasta el día de hoy en abundancia.

Por el mes de abril del año de mil quinientos treinta y nueve me dio el Marqués la provisión, y llegué a este valle de Mapocho por el fin del año de 1540. Luego procuré de venir a hablar a los caciques de la tierra, y con la diligencia que puse en corrérselas, creyendo éramos cantidad de cristianos, vinieron los más de paz y nos sirvieron cinco o seis meses bien, y esto hicieron por no perder sus comidas, que las tenían en el campo, y en este tiempo nos hicieron nuestras casas de madera y paja con la traza que les di, en un sitio donde fundé esta ciudad de Santiago del Nuevo Extremo, en nombre de V. M., en este dicho valle, como llegué a los 24 de febrero de 1541.

Fundada, y comenzando a poner alguna orden en la tierra, con recelo que los indios habían de hacer lo que han siempre acostumbrado en recogiendo sus comidas, que es alzarse, y conociéndoseles bien en el aviso que tenían de nos contar a todos; y como nos vieron asentar, pareciéndoles pocos, habiendo visto los muchos con que el Adelantado se volvió, creyendo que de temor de ellos, esperaron estos días a ver si hacíamos lo mismo, y viendo que no, determinaron hacérnoslo hacer por fuerza o matarnos; y para podernos defender y ofenderlos, en lo que proveí primeramente fue en tener mucho aviso en la vela, y en encerrar toda la comida posible, porque, ya que hiciesen ruindad, ésta no nos faltase; y así hice recoger tanta, que nos bastara para dos años y más, porque había en cantidad.

De indios tomados en el camino, cuando vine a esta tierra, supe cómo Mango Inga, señor natural del Cuzco, que anda rebelado del servicio de V. M., había enviado a avisar a los caciques de ella cómo veníamos, y que si querían nos volviésemos como Almagro, que escondiesen todo el oro, ovejas, ropa, lana y algodón y las comidas, porque como nosotros buscábamos esto, no hallándolo, nos tornaríamos. Y ellos lo cumplieron tan al pie de la letra, que se comieron las ovejas, que es gente que se da de buen tiempo, y el oro y todo lo demás quemaron, que aún a los propios vestidos no perdonaron, quedándose en carnes, y así han vivido, viven y vivirán hasta que sirvan. Y como en esto estaban bien prevenidos nos salieron de paz hasta ver si dábamos la vuelta, porque no les destruyésemos las comidas, que las de los años atrás también las quemaron, no dejando más de lo que habían menester hasta la cosecha.

En este medio tiempo, entre los fieros que nos hacían algunos indios que no querían venirnos a servir, nos decían, que nos habían de matar a todos, como el hijo de Almagro, que ellos llamaban Armero, había muerto en Pachacama al Apomacho, que así nombraban al gobernador Pizarro, y que, por esto, todos los cristianos del Perú se habían ido. Y tomados algunos de estos indios y atormentados, dijeron que su cacique, que era el principal señor del valle de Canconcagua, que los del Adelantado llamaron Chili, tenía nueva de ello de los caciques de Copayapo, y ellos de los de Atacama, y con esto acordó el procurador de la ciudad hacer un requerimiento al Cabildo para que me eligiese por gobernador en nombre de V. M., por la nueva de la muerte del dicho Marqués, cuyo teniente yo era, hasta que, informado V. M., enviase a mandar lo que más a su Real servicio conviniese. Y así, ellos y el pueblo, todos de un parecer, se juntaron y dijeron era bien, y dieron sus causas para que lo aceptase, y yo las mías para me excusar, y al fin me vencieron, aunque no por razones, sino porque me pusieron delante el servicio de V. M., y por parecer me convenía a aquella coyuntura, lo acepté. Ahí va el traslado de la elección como pasó para que siendo V. M. servido, lo vea.

Fecho esto, como no creí lo que los indios decían de la muerte del Marqués, por ser mentirosos, para enviarle a dar cuenta de lo que acá pasaba, como era obligado, había ido al valle de Canconcagua a la costa a entender en hacer un bergantín, y con ocho de caballo estaba haciendo escolta a doce hombres que trabajaban en él; recibí allí una carta del capitán Alonso de Monroy, en que me avisaba de cierta conjuración que se trataba entre algunos soldados que conmigo vinieron de la parcialidad del Adelantado, de los cuales yo tenía confianza, para me matar. En recibiéndola, que fue a media noche, me partí y vine a esta ciudad, con voluntad de dar la vuelta dende a dos días, y detúveme más, avisando a los que quedaban viviesen sobre aviso, que a hacerlo, no los osaran acometer los indios. Y no curándose de esto, andaban poco recatados, y de día sin armas; y así los mataron, que no se escaparon sino dos, que se supieron bien esconder, y la tierra toda se alzó. Hice aquí mi pesquisa; y hallé culpados a muchos, pero, por la necesidad en que estaba, ahorqué cinco, que fueron las cabezas, y disimulé con los demás; y con esto aseguré la gente. Confesaron en sus deposiciones que habían dejado concertado en las provincias del Perú con las personas que gobernaban al don Diego, que me matasen a mí acá por este tiempo, porque así harían ellos allá al Marqués Pizarro, por abril o mayo; y ésta fue su determinación, e irse a tener vida exenta en el Perú con los de su parcialidad, y desamparar la tierra, si no pudiesen sostenerla.

Luego tuve noticia que se hacía junta de toda la tierra en dos partes para venir a hacernos la guerra, y yo con noventa hombres fui a dar en la mayor, dejando a mi teniente para la guardia de la ciudad con cincuenta, los treinta de caballo. Y en tanto que yo andaba con los unos, los otros vinieron sobre ella, y pelearon todo un día en peso con los cristianos, y le mataron veintitrés caballos y cuatro cristianos, y quemaron toda la ciudad, y comida, y la ropa, y cuanta hacienda teníamos, que no quedamos sino con los andrajos que teníamos para la guerra y con las armas que a cuestas traíamos, y dos porquezuelas y un cochinillo y una polla y un pollo y, hasta dos almuerzas de trigo, y al fin al venir de la noche, cobraron tanto ánimo los cristianos con el que su caudillo les ponía, que, con estar todos heridos, favoreciéndolos señor Santiago, que fueron los indios desbaratados, y mataron de ellos gran cantidad; y otro día me hizo saber el capitán Monroy la victoria sangrienta con pérdida de lo que teníamos y quema de la ciudad. Y en esto comienzan la guerra de veras, como nos la hicieron, no queriendo sembrar, manteniéndose de unas cebolletas y una simiente menuda como avena, que da una yerba, y otras legumbres que produce de suyo esta tierra sin lo sembrar y en abundancia, que con esto y algún maicejo que sembraban entre las sierras podían pasar, como pasaron.

Como vi las orejas al lobo, parecióme para perseverar en la tierra y perpetuarla a V. M. habíamos de comer del trabajo de nuestras manos como en la primera edad, procuré de darme a sembrar, e hice de la gente que tenía dos partes, y todos cavábamos, arábamos y sembrábamos en su tiempo, estando siempre armados y los caballos ensillados de día, y una noche hacía cuerpo de guardia la mitad, y por sus cuartos velaban, y lo mismo la otra; y hechas las sementeras, los unos atendían a la guardia de ellas y de la ciudad de la manera dicha, y yo con la otra andaba a la continua ocho y diez leguas a la redonda de ella, deshaciendo las juntas de indios, do sabía que estaban, que de todas partes nos tenían cercados, y con los cristianos y pecezuelas de nuestro servicio que trajimos del Perú, reedifiqué la ciudad e hicimos nuestras casas, y sembrábamos para nos sustentar, y no fue poco hallar maíz para semilla, y se hubo con harto riesgo; y también hice sembrar las dos almuerzas de trigo, y de ellas se cogieron aquel año doce hanegas con que nos hemos simentado.

Como los indios vieron que nos disponíamos a sembrar, porque ellos no lo querían hacer, procuraban de nos destruir nuestras sementeras por constreñirnos a que de necesidad desamparásemos la tierra. Y como se me traslucían las necesidades en que la continua guerra nos había de poner, por prevenir a ellas y poder ser proveído en tanto que las podíamos sufrir, determiné enviar a las provincias del Perú al capitán Alonso de Monroy con cinco hombres, con los mejores caballos que tenía, que no pude darle más, y él se ofreció al peligro tan manifiesto por servir a V. M. y traerme remedio, que si de Dios no, de otro no lo esperaba, atento que sabía que ninguna gente se movería a venir a esta tierra por la ruin fama de ella, si de acá no iba quien la trajese y llevase oro para comprar los hombres a peso de él, y porque por do había de pasar estaba la tierra de guerra y había grandes despoblados, habían de ir a la ligera a noche sin mesón, determiné para mover los ánimos de los soldados, llevando muestra de la tierra, enviar hasta siete mil pesos, que en tanto que estuve en el valle de Canconcagua entendiendo en el bergantín, los habían sacado los anaconcillas de los cristianos, que eran allí las minas, y me los dieron todos para el común bien; y porque no llevasen carga los caballos, hice seis pares de estriberas para ellos y guarniciones para las espadas y un par de vasos en que bebiesen, y de los estribos de hierro y guarniciones y de otro poco más que entre todos se buscó, les hice hacer herraduras hechizas a un herrero que traje con su fragua, con que herraron muy bien los caballos, y llevó cada uno para el suyo otras cuatro y cien clavos, y echándoles la bendición los encomendé a Dios y envié, encargando a mi teniente se acordase siempre en el frangente que quedaba.

Fecho esto, entendí en proveer a lo que nos convenía, y viendo la gran desvergüenza y pujanza que los indios tenían por la poca que en nosotros veían, y lo mucho que nos acosaban, matándonos cada día a las puertas de nuestras casas nuestros anaconcillas, que eran nuestra vida, y a los hijos de los cristianos, determiné hacer un cercado de estado y medio en alto, de mil y seiscientos pies en cuadro que llevó doscientos mil adobes de a vara de largo y un palmo de alto, que a ellos y a él hicieron a fuerza de brazos los vasallos de V. M., y yo con ellos, y con nuestras armas a cuestas, trabajamos desde que lo comenzamos hasta que se acabó, sin descansar hora, y en habiendo grita de indios se acogía a él la gente menuda y bagaje, y allí estaba la comida poca que teníamos guardada, y los peones quedaban a la defensa, y los de caballo salíamos a correr el campo y pelear con los indios, y defender nuestras sementeras. Esto nos duró desde que la tierra se alzó, sin quitarnos una hora las armas de a cuestas, hasta que el capitán Monroy volvió a ella con el socorro, que pasó espacio de casi tres años.

Los trabajos de la guerra, invictísimo César, puédenlos pasar los hombres, porque loor es al soldado morir peleando; pero los de la hambre concurriendo con ellos, para los sufrir, más que hombres han de ser: pues tales se han mostrado los vasallos de V. M. en ambos, debajo de mi protección, y yo de la de Dios y de V. M., por sustentarle esta tierra. Y hasta el último año de estos tres que nos simentamos muy bien y tuvimos harta comida, pasamos los dos primeros con extrema necesidad, y tanta que no la podría significar; y a muchos de los cristianos les era forzado ir un día a cavar cebolletas para se sustentar aquel y otros dos, y acabadas aquéllas, tornaba a lo mismo, y las piezas todas de nuestro servicio e hijos con esto se mantenían, y carne no había ninguna; y el cristiano que alcanzaba cincuenta granos de maíz cada día, no se tenía en poco, y el que tenía un puño de trigo, no lo molía para sacar el salvado. Y de esta suerte hemos vivido, y tuviéranse por muy contentos los soldados si con esta pasadía los dejara estar en sus casas; pero conveníame tener a la contina treinta o cuarenta de caballo por el campo, invierno y verano y acabadas las mochillas que llevaban, venían aquellos e iban otros. Y así andábamos como trasgos, y los indios nos llamaban Cupais, que así nombran a sus diablos, porque a todas las horas que nos venían a buscar, porque saben venir de noche a pelear, nos hallaban despiertos, armados y, si era menester, a caballo. Y fue tan grande el cuidado que en esto tuve todo este tiempo, que con ser pocos nosotros y ellos muchos, los traía alcanzados de cuenta; y para que V. M. sepa no hemos tomado truchas a bragas enjutas, como dicen, basta esta breve relación.

De las provincias del Perú escribió el capitán Alonso de Monroy a V. M. cómo llegó a ellas solo con uno de los soldados que de aquí sacó, y pobre, habiéndole muerto en el valle de Copayapo los indios los cuatro compañeros, y preso a ellos, y les tomaron el oro y despachos que llevaban, que no salvó sino un poder para me obligar en dineros; y dende a tres meses que estuvieron presos, el capitán Monroy, con un cuchillo que tomó a un cristiano de los de don Diego de Almagro, que estaba allí hecho indio, que éste fue causa de la muerte de sus compañeros, y del daño que le vino, mató al cacique principal a puñaladas, y llevando por fuerza consigo a aquel transformado cristiano, se escaparon en sendos caballos y sin armas; y cómo halló en ellas al gobernador Vaca de Castro, en nombre de V. M., con la victoria de la batalla que ganó en su cesárea ventura contra el hijo de don Diego de Almagro y los que le seguían, y cómo le recibió muy bien y le favoreció con su autoridad.

Y porque el gobernador en aquella coyuntura tenía muchas ocupaciones, así en justiciar a los culpados, poner en tranquilidad la tierra y naturales, satisfacer servicios, despachar capitanes que le pedían descubrimientos, y en dar a V. M. cuenta y razón de todo con mensajeros propios y duplicados despachos, y la Caja de V. M. sin dinero, y él muy gastado y adeudado, buscó personas entre los vasallos de V. M. que sabía eran celosos de su real servicio y tenían hacienda, para que me favoreciesen con ella en tal coyuntura y me la fiasen. Halló uno, y un portugués, y diciéndoles lo que convenía al servicio de V. M. y sustentación de esta tierra, interponiendo en todo su autoridad muy de veras y con tanta eficacia y voluntad, que me dijo mi teniente conoció de él dolerse en el ánima, y si tuviera dineros o en la coyuntura que estaba le fuera lícito pedirlos prestados, se los diera con toda liberalidad para que hiciera la gente, por servir a Dios y a V. M.

Y las personas que favorecieron se llama la una Cristóbal de Escobar, que siempre se ha en aquellas partes empleado en el Real servicio de V. M.; éste socorrió, con que se hicieron setenta de caballo. Y un reverendo padre sacerdote llamado Gonzaliáñez le prestó otros cinco mil castellanos en oro, con que dio a la gente más socorro; y ambos vinieron a esta tierra por más servir a V. M. en persona. Y demás de esto, viendo el gobernador la necesidad que había del presto despacho de este regocio entre los de más importancia, avió a mi teniente, primero, rogando a muchos gentiles hombres que tenían aderezo y querían ir a buscar de comer con otros capitanes, se viniesen con el mío, por el servicio que a V. M. se hacía, y a su intercesión vinieron muchos de ellos, y así le despidió y dijo que viniese con aquel socorro, que él procuraría enviar otro navío cargado de lo que fuese menester a estas provincias, como diese algún vado a los negocios.

Viniendo el capitán Alonso de Monroy a ciudad de Arequipa a comprar armas y cosas para la gente, diciendo a ciertas personas la necesidad que tenía de un navío y como el gobernador Vaca de Castro había enviado a llamar al maestre de uno para concertar con él viniese a estas partes, y no se atreviendo el maestre a eso, un vecino de allí, llamado Lucas Martínez Vegaso, súbdito y vasallo de V. M. y muy celoso de su Real servicio, que tal fama tiene en aquellas partes, sabiendo el que a V. M. se hacía, y la voluntad del gobernador, por quererle bien, cargó un navío que tenía de armas, herraje y otras mercaderías, quitándole de las granjerías de sus haciendas, que no perdió poco en ellas, y vino, que había cuatro meses que por falta de él no se celebraba el culto divino, ni oíamos misa, y me lo envió con un amigo suyo llamado Diego García de Villalón, y sabido por el Gobernador, se lo envió mucho a agradecer y tener en gran servicio de parte de V. M.

Escribióme el gobernador Vaca de Castro, entre otras muchas cosas, los ejércitos que el Rey de Francia había puesto contra V. M. por diversas partes, y la confederación con el turco, que fue su último de potencia, y que la provisión de V. M. fue tal, que no solo le fue forzado retirarse, pero perder ciertas plazas en su reino. De creer es que el temor de no perder el renombre de cristianísimo (a no irle a la mano) no fuera parte para que dejara de llegar a ejecución su dañada voluntad.

También me envió el pregón Real de la guerra contra Francia, de que me holgué por estar avisado, aunque podemos vivir bien seguros en estas partes de franceses, porque mientras más vinieren más se perderán. También me escribió para que enviase los quintos a V. M. Por ésta se verá lo que en esto se ha podido hacer, certificando a V. M. estimaría como a la salvación hallar en esta tierra doscientos o trescientos mil castellanos sobre ella para servir a V. M. con ellos, y socorrer a gastos tan crecidos, justos y santos; y confianza tengo en Dios y en la buena ventura de V. M. poderlo hacer algún día.

Por el mes de septiembre del año de 1543 llegó el navío de Lucas Martínez Vegaso al puerto de Valparaíso de esta ciudad, y el capitán Alonso de Monroy con la gente por tierra, mediado el mes de diciembre adelante, y desde entonces los indios no osaron venir más, ni llegaron cuatro leguas en torno de esta ciudad, y se recogieron todos a la provincia de los Promaocaes, y cada día me enviaban mensajeros diciendo que fuese a pelear con ellos y llevase los cristianos que habían venido, porque querían ver si eran valientes como nosotros, y que, si eran, que nos servirían, y si no, que harían como en lo pasado; yo les respondí que sí haría.

Reformadas las personas y los caballos, que venían todos flacos por no haber visto desde el Perú hasta aquí un indio de paz, padeciendo mucha hambre, por hallar en todas partes alzados los mantenimientos, salí con toda la gente, que vino muy bien aderezada y a caballo, a cumplirles mi palabra, y fui a buscar los indios, y llegado a sus fuertes los hallé huidos todos, acogiéndose de la parte de Mauli hacia la mucha gente, dejando quemados todos sus pueblos y desamparado el mejor pedazo de tierra que hay en el mundo, que no parece sino que en la vida hubo indio en ella. Y en esto estábamos por el mes de abril del año de 1544, cuando llegó a esta costa un navío, que era de cuatro o cinco compañeros que de compañía lo compraron y cargaron de cosas necesarias, por granjear la vida, y hallaron la muerte; porque cuando al paraje de esta tierra llegaron, venían tres hombres solos y un negro y sin batel, que los indios de Copoyapo los habían engañado y tomado el barco, y muerto al maestre y marineros, saliendo por agua, y treinta leguas de este puerto junto a Mauli dieron con temporal al través, y mataron los indios a los cristianos que habían quedado, y robaron y quemaron el navío.

El junio adelante, que es el riñón del invierno, y le hizo tan grande y desaforado de lluvias, tempestades, que fue cosa monstruosa, que como es toda esta tierra llana, pensamos de nos anegar, y dicen los indios que nunca tal han visto, pero que oyeron a sus padres que en tiempo de sus abuelos hizo así otro año. Llegó otro navío, que fue el que prometió de enviar el gobernador Vaca de Castro, que un criado suyo, llamado Juan Calderón de la Barca, por cumplir su palabra, viendo el deseo que tenía su amo de enviarme socorro de cosas necesarias, y que no se hallaba con dineros para ello, empleó diez o doce mil pesos que tenía, y cargó y vino con ellas, y el navío se llama San Pedro.

El capitán, piloto y señor del navío, y que le trajo después de Dios y guió acá, se llama Juan Baptista de Pastene, genovés, hombre muy práctico de la altura y cosas tocantes a la navegación, y uno de los que mejor entienden este oficio de cuantos navegan esta Mar del Sur, persona de mucha honra, fidelidad y verdad, y que sirvió mucho a V. M. en las provincias del Perú y al Marqués don Francisco Pizarro, y después de muerto, en la recuperación de ellas debajo la comisión del gobernador Vaca de Castro, el cual le mandó, de parte de V. M. viniese a estas provincias, por ser hombre de confianza y se empleara en su Real servicio y le conocía por tal; y él se ofreció a venir por hacerle a V. M. tan señalado, demás de los hechos: con él me envió el Gobernador las nuevas de Francia, y el pregón contra ella que tengo dicho.

Pasada la furia del invierno, mediado agosto, que comienza la primavera, fui al puerto, y sabiendo la voluntad del capitán, que era servir a V. M. en estas partes en lo que yo le mandase, y la persona que era, y lo que había hecho en su Real servicio, que ya yo lo sabía y le conocía del tiempo del Marqués, le hice mi teniente general en la mar y le envié a descubrir esta costa hacia el Estrecho de Magallanes, dándole otro navío y muy buena lente para que llevase en ambos, y a que me tomase posesión en nombre de V. M., de la tierra, y así fue. Lo que halló e hizo, verá V. M. por la fe que aquí va, y de ello la da Juan de Cárdenas como escribano mayor del juzgado de estas provincias, que en nombre de V. M. crié, que juntamente le envié por acompañado con él para lo que conviniese para al servicio de V. M.

También envié a mi maestre de campo Francisco de Villagra, por tener práctica de las cosas de la guerra y que ha servido mucho a V. M. en estas partes, para que a los indios de estas provincias los echase hacia acá y me tomase lengua de las de adelante; y desde entonces tengo a Francisco de Aguirre, mi capitán, de esa parte del río Mauli, en la provincia de Itata, con gente, que tiene aquella frontera y no da lugar que los indios de por acá pasen a la otra parte, y si los acogen los castiga; y estará allí hasta que yo vaya adelante; y viéndose tan seguidos, y que perseveramos en la tierra, y que han venido navíos y gente, tienen quebradas las alas y ya de cansados de andar por las nieves y montes, como animalias, determinan de servir; y el verano pasado comenzaron a hacer sus pueblos y cada señor de cacique ha dado a sus indios simiente, así de maíz como de trigo, y han sembrado para simentarse y sustentarse, y de hoy en adelante habrá en esta tierra gran abundancia de comida, porque se hacen en el año dos sementeras, que por abril y mayo se cogen los maíces, y allí se siembra el trigo, y por diciembre se coge, y torna a sembrar el maíz.

Como esta tierra, estaba tan mal infamada, como he dicho, pasé mucho trabajo en hacer la gente que a ella traje, y toda la acaudillé a fuerza de brazos de soldados amigos que se quisieron venir en mi compañía aunque fuera a perderme, como lo pensaron muchos, y por lo que hallé prestado para remediar a los que lo hubieron menester, que fueron hasta quince mil pesos en caballos, armas y ropa, pago más de sesenta mil en oro, y el navío y gente de socorro que me trajo mi teniente. Debo por todo lo que se gastó ciento y diez mil pesos, y del postrero que vino me adeudé en otros sesenta mil, y están al presente en esta tierra doscientos hombres, que me cuesta cada uno más de mil pesos puesto en ella; porque a otras tierras nuevas van por la buena fama a ella los hombres, y de esta huyen todos por la mala en que la hablan dejado los que no quisieron hacer en ella como tales: y así me ha convenido hasta el día de hoy para la sustentar, comprar los que tengo a peso de oro, certificando a V. M., que no tengo de toda esta suma que he dicho acción contra nadie de un solo peso para en descuento de ella, y todos los he gastado en beneficio de la tierra y soldados que la han susten-tado por no podérseles dar aquí lo que es justo y merecen, haciéndoles de todo suelta; y haré lo mismo en lo de adelante, que no deseo sino descubrir y poblar tierras a V. M., y no otro interese, junto con la honra y mercedes que será servido de me hacer por ello, para dejar memoria y fama de mí, y que la gané por la guerra como un pobre soldado, sirviendo a un tan esclarecido monarca, que poniendo su sacratísima persona cada hora en batallas contra el común enemigo de la Cristiandad y sus aliados, ha sustentado con su invictísimo brazo y sustenta la honra de ella y de nuestro Dios, quebrantándoles siempre las soberbias que tienen contra los que honran el nombre de Jesús.

Demás de esto, en lo que yo he entendido después que en la tierra entré y los indios se me alzaron, para llevar adelante la intención que tengo de perpetuarla a V. M., es en haber sido gobernador en su Real nombre para gobernar sus vasallos, y a ella con autoridad, y capitán para los animar en la guerra, y ser el primero a los peligros, porque así convenía; padre para los favorecer con lo que pude y dolerme de sus trabajos, ayudándoselos a pasar como de hijos, y amigo en conversar con ellos; zumétrico en trazar y poblar; alarife en hacer acequias y repartir aguas; abrador y gañán en las sementeras; mayoral y rabadán en hacer criar ganados; y, en fin, poblador, criador, sustentador, descubridor y conquistador. Y por todo esto, si merezco tener de V. M. el autoridad que en su Real nombre me ha dado su Cabildo y vasallos, y confirmármela de nuevo para con ella hacerle muy mayores servicios, a su cesárea voluntad lo remito.

Y por lo que yo me persuado merecerla mejor, es por haberme, con el ayuda primeramente de Dios, sabido valer con doscientos españoles tan lejos de poblaciones de cristianos, habiendo sucedido en las del Perú lo pasado, siendo tan abundantes de todo lo que desean los soldados poseer, teniéndolos aquí sujetos, trabajados, muertos de hambre y frío, con las armas a cuestas, arando y sembrando por sus propias manos para la sustentación suya y de sus hijos; y con todo esto, no me aborrecen, pero me aman porque comienzan a ver ha sido todo menester para poder vivir y alcanzar de V. M. aquello que venimos a buscar: y con esto, rabian por ir a entrar esa tierra adelante, para que pueda en su Real nombre remunerarles sus servicios. Y por mirar yo lo que al de V. M. conviene, me voy poco a poco: que aunque he tenido poca gente, si tuviera la intención que otros gobernadores, que es no parar hasta topar oro para engordar, yo pudiera con ella haber ido a lo buscar y me bastaba; pero por convenir al servicio de V. M. y perpetuación de la tierra, voy con el pie de plomo, poblándola y sustentándola. Y si Dios es servido que yo haga este servicio a V. M. no será tarde, y donde no, el que viniere después de mí, a lo menos halle en buena orden la tierra, porque mi interese no es comprar un palmo de ella en España, aunque tuviese un millón de ducados, sino servir a V. M. con ellos y que me haga en esta tierra mercedes, y para que de ellas, después de mis días, gocen mis herederos y quede memoria de mí y de ellos para adelante. Y tampoco no quisiera haber tenido más posibilidad, si no fuera tanta que hubiera para dejar y llevar, porque a no ir con ella adelante, mientras más gente hubiera más trabajos pasara en la sustentar. Con la que he tenido, aventurando muchas veces sus vidas y la mía, he hecho el fruto que ha sido menester para tener las espaldas seguras cuando me vaya a meter de hecho adonde pueda poblar y perpetuarse lo poblado.

Sepa V. M. que desde el valle de Copayapo hasta aquí hay cien leguas y siete valles en medio, y de ancho hay veinte y cinco por lo más, y por otras, quince y menos, y las gentes que de las provincias del Perú han de venir a estas, el trabajo de todo su camino es de allí aquí, porque hasta el valle de Atacama, como están de paz los indios del Perú, con la buena orden que el Gobernador Vaca de Castro ha dado, hallarán comida en todas partes, y en Atacama se rehacen de ella para pasar el gran despoblado que hay hasta Copoyapo, de ciento y veinte leguas, los indios del cual y de todos los demás, como son luego avisados, alzan las comidas en partes que no se pueden haber, y no solo no les dan ningunas a los que vienen, pero hácenles la guerra. Y porque ya en esta tierra se pueden sustentar todos los que están y vinieren, atento que se cogerán de aquí a tres meses por diciembre, que es el medio del verano, en esta ciudad diez o doce mil hanegas de trigo y maíz sin número, y de las dos porquezuelas y el cochinillo que salvamos cuando los indios quemaron esta ciudad, hay ya ocho o diez mil cabezas, y de la polla y el pollo tantas gallinas como yerbas, que verano e invierno se crían en abundancia. Procuré este verano pasado, en tanto que yo entendía en dar manera para enviar al Perú, poblar la ciudad de la Serena en el valle de Coquimbo, que es a la mitad del camino, y hase dado tan buena maña el teniente que allí envié con la gente que llevó, que dentro de dos meses trajo de paz todos aquellos valles, y llámase el capitán Juan Bohón: y con esto pueden venir de aquí adelante seis de caballo del Perú acá, sin peligro ni trabajo.

Como dieron la vuelta el capitán Juan Baptista de Pastene, mi teniente, por la mar, y mi maestre de campo por la tierra de donde los había enviado, y que los indios comenzaban a asentar y sembrar, por poder ir yo adelante a buscar de dar de comer a doscientos hombres que tengo, que en lo repartido a esta ciudad, que es de aquí hasta Mauli, no hay para veinte y cinco vecinos, y es mucho, porque son treinta leguas en largo y catorce o quince en ancho, y porque me puedan venir caballos y yeguas para la gente que tengo, que en la guerra y trabajos de ella me han muerto la mayor parte que traje, eché este verano pasado a las minas los anaconcillas que nos servían, y nosotros con nuestros caballos les acarreábamos las comidas, por no fatigar a los naturales, hasta que asienten, trabajando éstos que tenemos por hermanos, por haberlos hallado en nuestras necesidades por tales, y ellos se huelgan viendo que hacen tanto fruto, y en las mazamorras que han dejado los indios de la tierra donde sacaban oro, han sacado hasta veinte y tres mil castellanos, con los cuales y con nuevos poderes y crédito para que me obligue en otros cien mil, envío al capitán Alonso de Monroy, para que tome segundo trabajo, a las provincias del Perú; y por responder a aquella tierra al Gobernador Vaca de Castro, que le he hallado en todo lo que al servicio de V. M. ha convenido como aquí digo; y para que haga saber a los mercaderes y gentes que se quisieren venir a avecindar, que vengan, porque esta tierra es tal, que para poder vivir en ella y perpetuarse no la hay mejor en el mundo; dígolo porque es muy llana, sanísima, de mucho contento; tiene cuatro meses de invierno, no más, que en ellos, si no es cuando hace cuarto la Luna, que llueve un día o dos, todos los demás hacen tan lindos soles, que no hay para qué llegarse al fuego. El verano es tan templado y corren tan deleitosos aires, que todo el día se puede el hombre andar al Sol, que no le es importuno. Es la más abundante de pastos y sementeras, y para darse todo género de ganado y plantas que se puede pintar; mucha y muy linda madera para hacer casas, infinidad otra de leña para el servicio de ellas, y las minas riquísimas de oro, y toda la tierra está llena de ello, y donde quiera que quisieren sacarlo allí hallarán en qué sembrar y con qué edificar y agua, leña y yerba para sus ganados, que parece la crió Dios a posta para poderlo tener todo a la mano; y a que me compre caballos para dar a los que han muerto en la guerra como muy buenos soldados, hasta que tengan de qué los comprar, porque no es justo anden a pie, pues son buenos hombres de caballo y la tierra ha menester; y algunas yeguas para que con otras cincuenta que aquí hay al presente, no tenga de aquí adelante necesidad de enviar a traer caballos de otras partes; y para que diga a todos los gentiles hombres y súbditos de V. M. que no tienen allá de comer, que vengan con él, si lo desean tener acá. Y con este viaje, tengo por mí, los caminos y voluntades de los hombres se abrirán y vernán a esta tierra muchos sin dineros a tenerlos en ella, y cuando no, quien ha gastado lo de hasta aquí, y espera gastar lo de ahora, lo pagará y gastará otro tanto por acabar de acreditar la tierra y perpetuarla a V. M.; y el que está como yo al pie de la obra, ha gastado y espera gastar lo que digo y pasado los trabajos: vea V. M. qué puede hacer el que viniere por el Estrecho con gente nueva.

También envío al capitán Juan Baptista de Pastene, mi teniente por la mar, con algunos dineros y crédito a traerme por ella armas, herraje, pólvora y gente.

También quiero advertir a V. M. de una cosa: que yo envié a poblar la ciudad de la Serena, por la causa dicha de tener el camino abierto, e hice Cabildo y les di todas las demás autoridades que convenía, en nombre de V. M., y esto me convino hacer y decir. Y porque las personas que allá envié fuesen de, buena gana, les deposité indios que nunca nacieron, por no decirles habían de ir sin ellos a trabajos de nuevo, después de haber pasado los tan crecidos de por acá. Así que, para mí tengo que como se haya hecho el efecto porque lo poblé, converná despoblarse si detrás de la cordillera de la nieve no se descubren indios que sirvan allí, porque no hay desde Copoyapo hasta el valle de Canconcagua, que es diez leguas de aquí, tres mil indios, y los vecinos que ahora hay, que serán hasta diez, tienen a ciento y doscientos indios no más; y por esto me conviene, en tanto que hay seguridad de gente en esta tierra, con el trato de ella, tener una docena de criados míos en frontería con aquellos vecinos, y de lo que aquellos valles podrán servir a sus amos en esta ciudad de Santiago será con algún tributo y con tener un tambo en cada valle donde se acojan los cristianos que vinieren y les den de comer; y haránlo esto los indios muy de buena voluntad y no les será trabajo ninguno, antes se holgarán.

Así que, V. M. sepa que esta ciudad de Santiago del Nuevo Extremo es el primer escalón para armar sobre él los demás e ir poblando por ellos toda esta tierra a V. M. hasta el Estrecho de Magallanes y Mar del Norte. Y de aquí ha de comenzar la merced que V. M. será servido de me hacer, porque la perpetuidad de esta tierra y los trabajos que por sustentarla he pasado, no son para más de poder emprender lo de adelante; porque, a no haber hecho este pie y meterme más en la tierra sin poblar aquí, si del cielo no caían hombres y caballos, por la tierra era excusado venir pocos, y muchos menos por la falta de los mantenimientos, y por mar no pueden traerse caballos, por no ser para ellos la navegación; y con poblar aquí y sustentar ya Coquimbo de prestado, pueden ir y venir a placer todos los que quisieren. Y como me venga ahora gente, aunque no sea mucha, para la seguridad de aquí, y algunos caballos para dar a la que acá tengo a pie, entraré con ella a buscar donde les dar de comer y poblar y correr hasta el Estrecho, si fuese menester. Así que, este es el discurso de lo que se ha podido y pienso hacer y las razones porque se ha hecho, aunque en breve dichas.

También repartí esta tierra, como aquí vine, sin noticia, porque así convino para aplacar los ánimos de los soldados, y dismembré a los caciques por dar a cada uno quien le sirviese; y la relación que pude tener fue de cantidad de indios desde este valle de Mapocho hasta Mauli y muchos nombres de caciques; y es que, como éstos nunca han sabido servir, porque el Inga no conquistó más de hasta aquí, y son behetrías, eran nombrados todos los principalejos, y cada uno de éstos los indios que tienen son a veinte y treinta, y así los deposité después que cesó la guerra y he ido a los visitar; lo comienzo a poner en orden tomando a los principales caciques sus indios, haciendo como mejor puedo para que no se disipen los naturales que hay, y se perpetúe esta tierra; y llevaré conmigo adelante todos los que aquí tenían nonada, y lo dejan, con satisfacer a V. M. que particularmente ni por mi propio interese no haré agravio a nadie; y si lo que se hiciere les pareciere a algunos lo es, será por el servicio de V. M. y general bien de toda la tierra y naturales, a los cuales trato yo conforme a los mandamientos de V. M., por descargar su Real conciencia y la mía. Y para ello hay cuatro religiosos sacerdotes, que los tres vinieron conmigo, que se llaman Rodrigo González y Diego Pérez y Juan Lobo, y entienden en la conversión de los indios y nos administran los sacramentos y usan muy bien su oficio de sacerdocio; y el padre bachiller Rodrigo González hace en todo mucho fruto con sus letras y predicación, porque lo sabe muy bien hacer, y todos sirven a Dios y a V. M.

Así que, invictísimo César, el peso de esta tierra y de su sustentación y perpetuidad y descubrimiento, y lo mismo de la de adelante, está en que en estos cinco o seis años no venga a ella de España por el Estrecho de Magallanes capitán proveído por V. M., ni de las provincias del Perú, que me perturbe. Al Perú así lo escribo al Gobernador Vaca de Castro, que se hace en todo lo que al servicio de V. M. conviene: A V. M. aquí se lo advierto y suplico, porque, caso que viniese gente por el Estrecho, no pueden traer caballos, que son menester, que es la tierra llana como la palma. Pues gente no acostumbrada a los mantenimientos de acá, primero que hagan los estómagos barquinos acedos para se aprovechar de ellos, se mueren la mitad y los indios dan presto con los demás al traste; y si nos viesen litigar sobre la tierra, está tan vidriosa que se quebraría y el juego no se podría tornar a entablar en la vida. La verdad yo la digo a V. M. al pie de la letra, y así ella y a su cesárea voluntad halle yo siempre en mi favor; que por lo que deseo no venga persona que me extraiga del servicio de V. M. ni perturbe en esta coyuntura, es por emplear la vida y hacienda que tengo y hubiere, en descubrir, poblar, conquistar y pacificar toda esta tierra hasta el Estrecho de Magallanes y Mar del Norte, y buscarla tal que en ella pueda a los vasallos de V. M. que conmigo tengo, pagarles lo mucho que en ésta han trabajado y descargar con ellos su Real conciencia y la mía. Y después de esto hecho, que es mi principal contento, y que V. M. tenga noticia de mis servicios y de mí como es justo, pues yo a su cesárea persona los he hecho y hago y merezca oír y ver por cartas de V. M. que le son aceptos y a mí es servido de me tener en el número de sus leales súbditos y vasallos y criados de su Real Casa, que no deseo más. Si la tierra toda V. M. fuese servido darla a otra u otras personas en gobierno, sin dejarme a mí parte o con la que fuere su Real servicio, digo que, siendo cierto mana de su cesáreo albedrío yo meteré en la posesión de ella toda, o de aquella parte, a la persona que V. M. me enviara a mandar por una muy breve cédula firmada de su cesárea mano, o de los señores que presiden en el Real Consejo de estas sus Indias, y hasta que V. M. pueda saber esto y sea servido de me mandar responder, yo manterné la tierra como hasta aquí con la autoridad que su Cabildo y pueblo me ha dado: y viendo mandado en contrario de esto, la deporné y me tornaré un privado soldado y serviré al que viniere nuevamente proveído a estas partes en su sacratísimo nombre, con el ánimo y voluntad que en lo pasado lo he hecho y presente hago a V. M. Y estas mercedes son las que en principio de mi carta digo que he pedir, en satisfacción de los pequeños servicios que hasta el día de hoy he hecho y de los muy crecidos que deseo hacer toda la vida en acrecentamiento del patrimonio y rentas reales de V. M.

Advierto a V. M. de una cosa y suplico muy humillmente por ella, y es: que siendo servido de dar esta tierra a alguna persona que con importunación la pida, por haber hecho servicios y representarlos ante su cesáreo acatamiento, sea con condición se obligue a mis acreedores por la suma de los doscientos y treinta mil pesos que debo y por los cien mil que de nuevo envío a que me obliguen, que también se gastarán, y de los demás que yo hubiere gastado en beneficio de la tierra y para su sustentación, porque hasta ahora no he habido de ella sino son los siete mil pesos que tomaron los indios de Copoyapo al capitán Alonso de Monroy la primera vez y los veinte y tres mil que también envío ahora para el útil de ella al Perú; y esto solo por no perder el crédito y por ser razonable y por la conciencia, y no quiero salir con más hacienda de saber que en ello se sirve V. M., porque de nuevo, en calzas y jubón, con mi espada y capa, tornaría a emprender con mis amigos, a quien no he satisfecho lo que es justo y merecen, a hacer nuevos servicios a V. M.

Otra y muchas veces suplico a V. M., pues tengo comenzada tal obra, porque no se me haga mala, hasta que yo envíe la relación y discreción de la tierra, y escriba cumplidamente con mensajeros propios y duplicados despachos, y los Cabildos, ni más ni menos, con relación de todo lo por mí y ellos hecho en su Real servicio, y le envíe a pedir las mercedes, exenciones y libertades que V. M. acostumbra dar y merecen los que bien le sirven, sea servido de mandar que no se provea cosa nueva para acá; y estando proveída, se sobresea, porque así conviene al servicio de V. M., y para mí será tan gran merced cual no sabría encarecer ni significar, porque no querría que al tiempo que han de ser por V. M. acebtos mis servicios, viniese algún traspié, sin querer yo dar causa a ello, por donde se tornase ante su cesáreo acatamiento al contrario.

Quedé tan obligado al Marqués Pizarro, de buena memoria, por haberme enviado donde V. M. y tenga la noticia de mis servicios y de mí, que no puedo pagárselo sino con tener, mientras viviere, a sus hijos en el lugar que a él, y por perder el abrigo de tal padre, que tanto se desveló en el servicio de V. M. haciendo tan gran fruto en acrecentamiento de su Real patrimonio, para que ellos gocen de tan justos sudores: a V. M. suplico humillmente se acuerde de ellos, haciéndoles tales mercedes que se puedan sustentar como hijos de quien son.

El portador de esta carta se llama Antonio de Ulloa: es tenido por mí, y estimado por los que le conocen por sus obras y buenas maneras, por caballero e hijodalgo, y como tal se mostró en estas partes en su Real servicio, gastando para venirle a servir en ellas la hacienda que él por acá ha ganado y podido haber; y por ello va adeudado y obligado a pagar en su tierra, por venir en mi compañía y traer muy buenos caballos y armas para servir en la guerra, como ha servido como muy gentil soldado que es, práctico y experimentado en las cosas de ella, y lo ha gastado todo en la sustentación de esta tierra, y por esto le deposité en nombre de V. M. dos mil indios. Y dejado aparte, es justo los tenga por sus servicios: por ellos y por otras muchas razones que hay, es merecedor de las mercedes que V. M. fuera servido de le mandar hacer en estas partes, así a él, como a la persona que a ellas quisiese enviar a que goce por él de los trabajos que ha pasado en el conflicto de toda esta tierra. Vase ahora que había de haber satisfacción cogiendo fruto de ellos; y porque la razón que le mueve a irse a su natural es tan justa, le dejo ir, que, a no tenerla tan grande y serle a él en tanto contentamiento la ida, hasta que yo le satisficiera en nombre de V. M. sus servicios, o le diera tanta cantidad de pesos de oro como era justo para que allá se pudiera representar como quien es, no le partiera de mí. Él tuvo cartas de España con el primer navío que aquí vino de sus deudos, en que le avisaban que su hermano mayor, heredero que quedó de su padre para sustentar su casa, murió sin dejar hijos, y porque ésta no perezca saliendo fuera de su derecha línea, se va a casar, por dejar quien después de ella herede, para que no muera la memoria de ella. Y así, dándole de lo poco que tenía, yendo satisfecho, de mi voluntad quisiera darle mucho, le di la licencia que deseaba; y porque yo estoy de camino y tan ocupado en lo que digo, y no puedo enviar relación de la tierra hasta que tenga de qué darla buena, escribo con él esta carta para que la presente a V. M. y sepa en el estado en que quedo y mande proveer a lo que suplico. Y porque de él se podrá saber lo demás que yo aquí no digo, ceso, suplicando muy humillmente a V. M. en todo aquello que de mi parte dijere y suplicare, por quedar confiado dirá y hará como quien es, le mande V. M. dar todo el crédito que a mi propia persona sería servido de dar.

Porque tenía necesidad el navío de darse carena y echar a monte, y no había aparejo para ello en esta ciudad, y en la Serena hay un cierto betume que lo da Dios de su rocío y se cría en unas yerbas en cantidad, que es como cera, y dicen para esto muy apropiado; me voy a ella a despachar a V. M., y al Cuzco en tanto que se calafetea y pone en orden, por no perder tiempo; y dejo a mi maestre de campo para que en el entretanto haga se aderece la gente para partir en dando la vuelta, que será como se vayan los mensajeros y navío esté en orden y presto; y ya lo está, y le despacho, y se parte con el ayuda de Dios y de su bendita Madre, y en la ventura de V. M. A su inmensa bondad plega me la de a mí y llegue a salvamento ante su cesáreo acatamiento esta carta y elección y fe de la posesión y mensajero, para que entienda V. M. cuál es mi fin en su Real servicio. Y así he hablado a los caciques y dícholes que sirvan muy bien a los cristianos, porque, a no hacerlo, envío ahora a V. M. y al Perú a que me traigan muchos, y que, venidos, los mataré a todos; que para qué los quiero, que adelante hay tantos como yerbas que sirvan a V. M. y a los cristianos, y que pues son ellos perros y malos contra los que yo traje, no ha de quedar ninguno, y que no les valdrá la nieve ni enterrarse vivos en la tierra donde salieron; que allí los hallaré; por eso, que vean cómo les va. Y como ellos me conocen y que hasta aquí no les he dicho cosa que no haya salido; así y héchola yo de la misma manera, temieron y temen en verdad, y respondieron quieren servir muy bien en todo lo que yo les mandare. Y ni con esto me engañarán, que yo dejaré aquí recaudo hasta que venga gente y después de seguro lleve toda la que hay, y servirán ellos a la ciudad de Santiago con algún tributo a sus amos y con tener tambos en el camino. Y así me parto y vuelvo a ella con la bendición de Dios y de V. M., que le suplico me alcance, cuya sacratísima persona por largos tiempos guarde Nuestro Señor con la superioridad y señorío de la cristiandad y monarquía del universo.

De esta ciudad de la Serena, a 4 de septiembre 1545. S. C. C. M. Muy humilde súbdito y vasallo de V. M., que sus sacratísimos pies y manos besa.

Pedro de Valdivia.

A Hernando Pizarro. La Serena, 4 de septiembre de 1545

Muy magnífico señor: Después que de vuestra señoría me despedí, cuando en buena hora se fue a España, no he visto carta suya, ni sabido de V. M. cómo ha estado, hasta ahora año y medio qué me vino socorro del Perú, a donde envié por él a mi teniente general y me dijo supo de la salud de V. M. del señor Vaca de Castro, y en la reputación que con nuestro César quedaba, de lo que yo me holgué de todo en el corazón; por el amor que sé el de la V. M. me tiene, lo conocerá, pues esto, como es cierto, no es engaño. Plega a Dios oya yo siempre tiene V. M. aquel contento y descanso que ha menester, y que S. M. le ha hecho y hace de cada día las mercedes que los tan señalados servicios que en estas partes a su cesárea persona hizo, merecen; ayudándolas, primero, con tan crecidos trabajos a descubrir, conquistar y poblar, y últimamente, con su valor y severidad a se las conservar y librar de las fuerzas de los que presumían con tácitas objeciones hacerlas a S. M. en su deservicio, queriendo se usase con ellos, no la razón, que ninguna tenían, pero que los dejasen salir con las sinrazones que quisiesen hacer en la tierra. Y si lo que como caballero y valeroso capitán como V. M. hizo, venciéndolos, justiciando las cabezas de los tumultos, el Marqués, mi señor, de buena memoria, con la autoridad cesárea que tenía, hubiera ejecutado en los que quedaron, porque lo merecían por sus continuas tramas, que públicamente decían querer acometer, pudiera ser que S. S. estuviera como V. M. y yo desearíamos, y sus hijos habían menester; y porque los secretos de Dios son grandes, no hay que decir en esto más de darle gracias por todo lo que hace.

El Marqués, mi señor, como V. M. sabe, me envió con sus provisiones por su teniente general a esta tierra para que la poblase y sustentase y descubriese otra y otras adelante en nombre de S. M. y por solo el parecer de V. M. junto con el deseo que yo tenía de servir a su cesárea persona, lo acepté contrariándomelo mis amigos; y por conocer el ánimo de V. M., que era emprender cosas en su Real servicio, arduas, que a otros caballeros que no tuviesen el valor de éste, aunque fueran de muy crecidos, les parecerían imposibles, quise yo seguir éste, porque vi que no podía dejar de ser acertado, por se me dar con entera y sana voluntad; y por ésta, aunque me perdiera, fuera más satisfacción para mí que engañarme por los demás.

Y como V. M. vido, dispúseme luego a hacer gente para mi empresa, y llegáronseme mis amigos, y buscando prestado entre mercaderes y otras personas, hallé hasta quince mil pesos en caballos y armas; y con lo que yo tenía socorrí a los que más menester lo habían, e hice de ellos ciento cincuenta hombres; y en esto me detuve nueve meses.

Por enero del año de cuarenta salí del Cuzco para seguir mi viaje, no con tanto aparejo como fuera menester, pero con el ánimo que sobraba a los trabajos que se podían pasar y pasaron en el camino, por ser el que V. M. sabe, despoblados e indios no domados, antes muy desvergonzados y animados contra cristianos, por creer que sus fuerzas fueran causa para constreñir los primeros que acá vinieron a dar la vuelta.

Tardé en el camino once meses, y fue tanto tiempo por el trabajo en buscar las comidas que nos las tenían escondidas de manera que el diablo no las hallara; y, con todo, me di tan buena maña, que llegué, con el ayuda de Dios, a este valle de Mapocho, que es doce leguas más adelante de Canconcagua, que el Adelantado llamó el valle de Chili, con perder sino dos o tres que me mataron indios en guazábaras en Copayapo y en el camino, y otros tantos caballos y algunas piezas de servicio e indios de carga; y de éstos fueron cuarenta, aunque en el valle de Coquimbo se me huyeron y quedaron, por temer la hambre de adelante, viendo la que hasta allí habían pasado, más de cuatrocientas piezas de yanaconas e indios, y quedáronnos otras tantas.

Llegado a este valle con mi gente, hice un cuerpo de los peones, y dejé con ellos todo el bagaje y veinte de caballo; y los demás repartí en cuatro cuadrillas, y con ellas corrí todo este valle y tomé muchos indios sin les hacer mal, y con ellos envié a llamar los caciques que me viniesen de paz y no temiesen, porque les quería decir la causa de mi venida y saber sus voluntades; y diciéndoles todos sus indios que éramos muchos cristianos, y pensaron esto por el astucia que tuve en repartir la gente, porque como los indios huían de una cuadrilla, topaban con otra, y escapándose de aquélla, con las demás, temieron éramos muchos; y de este temor vinieron los señores.

Venidos, les dije cómo S. M. me enviaba a poblar esta tierra, para que sirviesen con sus indios a los cristianos, como en el Cuzco lo hacían los ingas y caciques, y que supiesen habíamos de perseverar para siempre, y porque, por haberse vuelto Almagro, le mandaron cortar la cabeza; por tanto, que me hiciesen casas primeramente para Santa María y para los cristianos que conmigo venían y para mí; y así las hicieron en la traza que les señalé. Aquí poblé esta ciudad en nombre de S. M. y lláméla Santiago del Nuevo Extremo, a 24 de febrero de 1541, y a toda la tierra y que demás he descubierto y descubriré, la Nueva Extremadura, por ser el Marqués de ella y yo su hechura.

Por un indio que tomé en el camino cuando venía acá, supe que todos los señores de esta tierra estaban avisados de Mango Inga, con mensajeros que vinieron delante de mí, haciéndole saber, si querían que diésemos la vuelta como Almagro, que escondiesen el oro, porque como nosotros no buscamos otra cosa, no hallándolo, haríamos lo que él; y que asimismo quemasen las comidas, ropa y lo que tenían. Cumpliéronlo tan al pie de la letra, que las ovejas que tenían se comieron y arrancaron todos los algodonales y quemaron la lana, no se doliendo de sus propias carnes, que por solo que los viésemos no tener nada, se quedaron desnudos, quemando la propia ropa de ellos y por temor de las sementeras, que dende a tres meses se recogían creyendo éramos más cristianos, nos sirvieron cuatro o cinco meses bien.

Con recelo que se habían de rebelar los indios, como me decían lo habían acostumbrado, pareciéndome que éstos no podían hacer menos, siendo una la condición de todos, atendí a me velar muy bien y andar sobre aviso y a encerrar comida y metí tanta, que bastaba para nos sustentar dos años, porque había grandes sementeras, que es esta tierra fertilísima de comidas, porque si algo hiciesen no faltase al soldado de comer, porque con esto hacen la guerra.

Entre los fieros que nos hacían algunos indios que no querían servirnos, decían que nos habían de matar a todos, como el hijo de Armero había hecho al Apomacho en Pachacama; y que por esto todos los cristianos se habían huido de los Charcas y de Porco y de toda la tierra; y atormentados ciertos sobre ello, dijeron que los caciques de Copayapo se lo habían enviado a decir a Michemalongo y que ellos lo supieron de mensajeros que les envió el de Atacama; y túvelo por burla, como lo fue por entonces, que aún no lo habían muerto, pero hicieron dende a un mes, como después supe; y esto debió de saberse por decir tan desvergonzadamente a los indios en las provincias del Perú los de la parte del Adelantado que lo habían de hacer; y ellos, como veían se juntaban los de esta parcialidad en Lima, entendíanlo mejor que los servidores del Marqués, mi señor, que haya gloria, el deseo voluntario por hecho.

Como esto se supo por el procurador de la ciudad, hizo ciertos requerimientos al cabildo para que me eligiesen por Gobernador en nombre de S. M. y por mis respuestas se lo contradije; y ellos, tornando a porfiar por parecerme convenir al servicio de S. M., por conservarle con autoridad esta tierra y contentar al pueblo, y con eficacia y runrún me lo pedía, lo acepté quedándome la voluntad sana en el servicio del Marqués, mi señor, y en la misma sujeción que de antes, lo acepté como parece por la copia de la elección que a S. M. envío y V. M. allá verá.

Luego me partí al valle de Canconcagua a hacer un bergantín, para avisar de todo al Marqués, mi señor; y estando haciendo escolta con ocho de caballo a doce hombres que entendían en él, me escribió el capitán Alonso de Monroy que ciertos soldados de los de la parte del Adelantado que conmigo vinieron, a los cuales honraba, que por no tenerlos tan bien conocidos como V. M., me fiaba de ellos más de lo que era razón, me querían matar. Como recibí la carta, que fue a media noche, vine en diligencia, ordenando a los que trabajaban cesasen hasta que yo diese la vuelta y atendiesen a se guardar, porque de esta suerte no les osarían acometer los indios teniendo por mí darla otro día. Convínome estar en la ciudad seis o siete, y ellos, no acordándose de lo que les dije, andaban de día sin armas. Como los indios vieron su descuido, dieron en ellos y los mataron. Y hecho esto, se me alzó la tierra con la interpretación de sus palabras, que significaban lo que las de los villanos de Italia, cuando dicen: «Carne, carne, masa, masa.» Hice mi pesquisa, y hallé culpados a más cantidad, y por la necesidad que tenía de gente, ahorqué cinco, que fueron las cabezas, disimulando con los demás, y aseguré los ánimos de todos. Confesaron en sus dipusiciones que venían concertados para me matar con los que mandaban al hijo de Almagro, porque ellos habían de hacer otro tanto en el Perú por este tiempo en la persona del Marqués, mi señor, y de sus deudos, servidores y criados;

y aun con todo esto, vivía sin recelo, habiendo oído dar a V. M. instrucción a S. S. de cómo se había de gobernar con esta gente para no venir en lo que vino, y tenía por mí la guardaría, y también te enviaba yo avisar de esto, como le escribí después, para que hubiese más recaudo.

Alzada la tierra, se juntó toda en dos partes para dar en nosotros. Salí, luego como lo supe, de esta ciudad a dar en la mayor parte con noventa hombres, dejando cincuenta, los treinta de caballo, con Alonso de Monroy a la guardia de ella. Y en tanto que yo hacía fruto donde fui, viene la otra, en que había ocho o diez mil indios, y dan en ellos; mataron cuatro cristianos y veinte y tres caballos, y queman toda la ciudad, sin quedar una sola estaca, y cuanta comida teníamos, que no quedamos todos más de con las armas y andrajos viejos. Dióse tan buena maña con pelear todo el día en peso el capitán y sus soldados y estar heridos todos, cobrando ánimo al venir de la noche, que desbarataron e hicieron huir los indios y mataron infinidad de ellos.

Hízome Alonso de Monroy saber a la hora la victoria sangrienta que habían habido, con pérdida de lo qué teníamos y quema de la ciudad y comida. Di la vuelta a la hora, y pareciéndome era menester ánimo y no dormir en las pajas, todos los cristianos, con ayuda de los anaconcillas, reedificamos la ciudad de nuevo; y entendí en sembrar y criar, como en la primera edad, con un poco de maíz que sacamos a fuerza de brazos, y dos almuerzas de trigo; y salvarnos dos cochinillas y un porquezuelo y una gallina y un pollo; y el primer año se cogieron de trigo doce hanegas, con que nos hemos simentado.

Luego se me traslució el trabajo que había de tener en esta tierra por la falta de herraje, armas y caballos, y que si acaso fuese verdad la muerte del Marqués, mi señor, que por haberla tan mal infamado la gente de Almagro, no vernía ninguna a ella, si no iba persona propia a traerla, y que llevase siquiera cebo de manjar amarillo para moverle los ánimos y tornarla a acreditar, y se perpetuase, y porque en tanto se iban mis mensajeros y venían tuviese con qué sustentar la gente, y no esperar a lo hacer cuando todo me faltase, envié al capitán Alonso de Monroy por escribir y dar cuenta al Marqués, mi señor; y dile cinco hombres que fuesen en su compañía, con los mejores caballos que tenía, que no pude dalle más, y con seis o siete mil pesos que tenía y me dieron los vasallos de S. M., que habían sacado sus anaconcillas en el tiempo que estaba yo entendiendo en el bergantín, porque allí estaban las minas, ricas, y se pusieron algunos a escarbar y sacaron con palos. Estos los despaché encomendándolos a Dios; y porque no fuesen tan cargados con el oro, por el peligro de tan largo camino habían de ir a noche y mesón, hice seis pares de estriberas para los caballos, y guarniciones de espadas; y de las de hierro, con otro poco que se halló entre todos, hice hacer a un herrero que traje con su fragua cincuenta herraduras hechizas, y ochocientos clavos, no quedándonos otro tanto acá, porque como no trajimos navío, fue poco lo que pudimos traer a cuestas; y con esto herraron sus caballos muy bien, y llevaron cada cuatro herraduras y cien clavos, y un herramental, y fuéronse, diciendo a mi teniente se acordarse del conflicto en que quedaba.

Como se partió el capitán Alonso de Monroy con sus compañeros y soldados, era tanta la desvergüenza de los indios, que no quisieron darse a sembrar sino a nos hacer la guerra; y con la posibilidad que tenían y con estos torcedores, viendo la poca posibilidad nuestra, pensaron de nos matar y constreñir a desamparar esta tierra y volvernos; y así, venían a nos matar a las puertas de nuestras casas los yanaconas y los hijos de los cristianos y a arrancarnos las sementeras; y ellos se han mantenido de unas cebolletas y simientes de yerbas y legumbres que produce la tierra de suyo, como es gruesa, en mucha cantidad, mantenimiento para ellos; y seguíannos tanto como los cuervos al cordero que se quiere morir, y así me convino hacer un fuerte tan grande como la casa que tenía el Marqués, mi señor, en el Cuzco, cercándolo de adobes de estado y medio en alto, que entraron en él más de doscientos mil; y a ellos y a él hicimos los cristianos a fuerza de brazos, sin descansar desde que se comenzó hasta que se acabó; y cuando venían indios metíase la gente menuda y el bagaje, y quedaba la de pie a la guardia y los de a caballo salíamos al campo a alancear indios y a guardar las sementeras.

Esto nos duró cerca de tres años, que pasaron desde que la tierra se alzó hasta que dio la vuelta mi teniente del Cuzco. Las hambres que en los dos de ellos se pasaron, fueron encomportables, y en verdad en esto usó Dios de sus grandes misericordias con nosotros. Y las piezas e hijos de cristianos y la mayor parte de sus padres se mantuvieron con las cebolletas y legumbres dichas todo este tiempo, que, a fe, pocos comieron en él tortillas; y los que venían a comer conmigo ya teníamos cuenta que unos días salíamos a dos tortillas y bien chiquitas, otros a una y media, y otros a una, y los más con ninguna, y con Dios proveerá, como lo provee, pasamos; y en lo que entendí en este tiempo fue en hacer oficios, que nunca deprendimos, mostrándome los unos la necesidad, que constriñe hablar las picazas, y otros me enseñaban la voluntad y deseo que tenía al servicio de S. M. y a la propia honra y conservación de las personas que debajo de mi protección estaban, y ellos y yo de la de Dios y de su cesárea persona, con deseo de salir con la intención que tenía de servirles. Y para todo fue menester sacar fuerzas de flaqueza, siendo sumétrico, alarife, pastor, labrador y, en fin, poblador, sustentador y descubridor. Y por todo esto no sé lo que merezco; pero por haberme sustentado con ciento y cincuenta españoles, que son del pelo que V. M. sabe, en esta tierra, trabajándolos a la contina, de noche y de día, sin se desnudar las armas, haciendo los medios cuerpos de guardia un día y una noche, y los otros otra, cavando, sembrando, arando y a las veces no cogiendo para mantenerse ellos y sus piezas e hijos, y sin haber dado un papirote a ninguno, ni díchole mala palabra, si no fue a los que ahorqué por sus merecimientos, Y. con todo esto, me aman: háseme persuadido merecer de S. M. las mercedes que le pido, las cuales aquí diré para que V. M., pues me puso en esto, si soy hechura del Marqués, mi señor, me favorezca, interponiendo su autoridad con nuestro César, que bien cierto soy le sea dado entero crédito en lo que dijere y pidiere en lo de estas partes.

Después que el capitán Alonso de Monroy partió de aquí por el socorro, le mataron los indios de Copayapo cuatro cristianos, y al que le quedó y a él prendieron y tomaron el oro y todos los despachos, que no salvó sino un poder para me obligar, y como es hijodalgo y hombre para todo y para mucho y de los que V. M. le parecen bien y ama, a cabo de tres meses que le tuvieron preso, con un cuchillo que quitó a un cristiano de los de Almagro que allí halló hecho indio, que éste fue la causa de toda su pérdida, mató al cacique principal a puñaladas, y yendo el Monroy y su compañero y aquel cristiano y el cacique a caballo a caza, en medio de más de doscientos indios flecheros y se salieron llevando por fuerza aquel transformado cristiano a las provincias del Perú; y llegó a coyuntura que halló al señor Gobernador

Vaca de Castro en Limatambo, que venía al Cuzco con la victoria que había habido contra don Diego habiendo hecho gran justicia de los matadores del Marqués, mi señor y capitanes, y pidió socorro a su Señoría, y le favoreció con su decreto y autoridad; y el capitán cedió tan buena maña, que trató con Cristóbal de Escobar, que bien conoce vuestra merced, que favoreció a Pedro de Candía con su hacienda; y él, como fue siempre aficionado a las cosas del Marqués, mi señor, y a las de V. M. y su hijo Alonso de Escobar era criado del señor Gonzalo Pizarro, la gastó toda; y con esto y con otros cuatro o cinco mil pesos que le prestó un padre portugués que estaba en Porco, llamado Gonzaliáñez, hizo setenta hombres, todos de a caballo, con que vino a me socorrer; y viniendo por Arequipa, Lucas Martínez Vegaso, vecino de ella, que, como V. M. sabe, ha tan bien servido a S. M., y por hacerle de nuevo este servicio tan señalado y por haber sido servidor del Marqués, mi señor, y serlo de V. M., me favoreció con un navío, quitándolo del trato de sus minas de Tarapacá, que no perdió poco; en el cual me envió diez o doce mil pesos de empleo, de armas, herraje, hierro y vino para decir misa, que había cuatro meses no la oíamos por falta de él; y con un amigo suyo que se dice Diego García Villalón, que V. M. conocería a la pasada de Panamá, me lo envió para que hiciese de él a mi voluntad y lo gastase con los soldados y se lo pagase cuando quisiere y tuviese, y que no le diese por todo nada: que de todas estas liberalidades usó, por ser él el que es.

Este navío llegó por el mes de setiembre del año de quinientos y cuarenta y tres, y el capitán Alonso de Monroy con toda la gente por el diciembre adelante, ya que estábamos en punto de cantar A te levavi anima mea; y nunca vimos más indios, que todos se acogieron a la provincia de los poromabcaes, que comienza seis leguas de aquí, de la parte de un río caudalosísimo que se llama Maypo, entre el cual y éste está esta ciudad.

Llegado el navío, supe cómo mataron al Marqués, mi señor, que en lo muy vivo del ánima lo sentí; y el capitán Alonso de Monroy me dio relación más por entero de este frangente, porque como hombre que sabía el amor que tenía a S. S. y lo que me iba en ello, venía más advertido. Hube tanto menester el consuelo en aquella hora cuanto V. M. ternía ánimo como caballero para disimular tan gran pérdida cuando la supiese, aunque el corazón no dejaría de hacer el sentimiento que era justo; y la mayor pena que presumo tendría V. M. sería por no hallarse en parte donde con el valor de su persona hiciera la venganza en los matadores, conforme al delito; y en verdad por lo mismo lo sentí yo en tanto grado, y pues tal sentencia estaba por Dios ordenada, a Él debemos dar infinitas gracias por ello; y a V. M. y a todos sus deudos, servidores y criados que fuimos suyos, nos es tan gran consuelo saber que fue martirizado por servir a S. M. a manos de sus deservidores, y que la fama de sus hazañas hechas en acrecentamiento de su Real patrimonio y cesárea autoridad vivirá en la memoria de los presentes y por venir; y saber que su muerte fue tan bien vengada por el ilustre señor Vaca de Castro, cuanto lo fue por Otaviano la de Julio César, y dejado aparte que por el valor de S. S. obligaba a V. M. y a todos esos servidores a tenerle por señor y padre por la merced tan grande que con ella se nos hizo, hemos de servirle todos con las haciendas y vidas mientras duraren, hasta aventurarlas y perderlas, si fuere menester en su servicio, como yo lo haré.

También recibí una carta con el capitán, del señor Gonzalo Pizarro, de Lima, que había llegado a ella después de la batalla, saliendo perdido del descubrimiento donde fue. Tuve a muy mala dicha que no se hubiese hallado presente al tiempo que se hizo el castigo del delito, que aunque no faltaron vasallos de S. M. y amigos, criados y servidores del Marqués, mi señor, y de V. M. para ello, quisiera que, como hermano, tampoco hubiera faltado, por ser cierto fuera a su md. gran contentamiento, y el mismo sintiera yo en la verdad. A S. M. escribo suplicándole haga a sus hijos las mercedes de que su padre era merecedor, porque no muera la fama de las proezas que en su cesáreo servicio hizo, y es justo lo haga porque se animen sus vasallos a le servir, viendo que ya que no pueden gozar del premio de los que a su Real persona hacen, lo gozarán sus hijos, pues el de ellos es el principal amor por ser el reino nativo. También suplico en mis cartas al señor Gobernador Vaca de Castro los tenga so su protección y amparo, favoreciéndolos con S. M. y así me dicen, ha siempre mirando mucho por ellos.

Estando en esto, por el abril adelante, pareció otro navío por esta costa, que era de cuatro o cinco compañeros que le compraron y cargaron de cosas para acá; y no acertando el puerto, pasó a Mable, y no quisieron tomar tierra, aunque los indios les hicieron señas, porque se temieron, que no venían en él sino tres cristianos y un negro, que los indios de Copayapo les habían muerto al piloto y marineros y tomado el barco con engaño; y al fin, como era por principio de invierno, y entró aquel año muy recio, dio con él a través, y los indios mataron los cristianos y robaron la ropa y quemaron el navío, y así lo supe de unas indias que Francisco de Villagrán, servidor de V. M. y mi maestro de campo general, hubo, que venían en el navío, que le envié en su seguimiento con veinte de caballo, y llegó cuatro o cinco días después de dado al través, que por las grandes lluvias y ríos que halló que pagar, no pudo hacer más diligencia.

A esta coyuntura llegó el capitán Juan Batista de Pastene, criado del Marqués, mi señor, y servidor de V. M. con su navío San Pedro, que le envió el señor Gobernador Vaca de Castro a saber de mí, cargado de cosas necesarias, que por contemplación de S. S. un criado suyo llamado Juan Calderón de la Barca, empleó su hacienda y vino acá en él; y como nos conocíamos el capitán y yo, y por ser tan buen hombre de la mar, tan honrado y de fidelidad, y para tanto y hechura del Marqués, mi señor, diciendo que en todo me quería hacer placer y servir a S. M. en estas partes, porque ansí se lo había mandado el señor Gobernador, le hice mi teniente general en la mar.

Viendo la voluntad del capitán Juan Baptista, por principios de mes de septiembre adelante le di un poder y le entregué un estandarte con las armas de S. M., y debajo del escudo imperial uno con las mías, para que me fuese a descubrir doscientas leguas de costa y tomase posesión, en nombre de V. M., por mí, y me trajese lenguas; y dile treinta hombres, muy buenos soldados, que fueron en su navío, y el de Lucas Martínez también, que acá tenía, con gente; y así fue y la tomó, como V. M. allá verá por la fe que de ello da Juan de Cárdenas, escribano mayor del juzgado, que hice en nombre de S. M. y mi secretario, hasta que venga poder del muy magnífico señor Juan de Samano, secretario mayor de las Indias y del Consejo de S. M., y hícelo, porque él se tiene por muy servidor de V. M. y desea ocuparse en su servicio, como yo, y sé dará muy buena cuenta y razón de sí y de lo que se le encomendare; lo sabe muy bien hacer, y es persona de tan buena manera, que se holgará V. M. de conocerle, porque tiene muchas y muy buenas partes de hombre.

También envié a las provincias de Arauco por tierra a Francisco de Villagra para que tomase lenguas y me echase los indios de esta tierra hacia acá;

y desde entonces tengo un capitán con gente en la provincia de Itata para que no los deje volver hacia allá; y con esta provisión y con estar ya los indios muy cansados, que más no pueden, vienen a querer servir; y hogaño han sembrado y se les ha dado trigo y maíz para que se simienten y cojan para comer, y en tanto que esto hacía, por no fatigar los indios antes que asentasen, con los anaconcillas, que los hemos ya por hijos, procuré de sacar algún oro para tornar a enviar con estos navíos al Perú para que venga gente, y con mil hanegas de comida que ahorré de la costa de todos, saqué, en mazamorras de los indios, hasta veinte y tres mil pesos, y con ellos envío al capitán Alonso de Monroy y al capitán Juan Baptista, para que el uno por tierra y el otro por mar me traigan gente, armas, caballos; y llevan crédito y poderes para me poder obligar en otros cien mil pesos, porque esto y el rascar no quieren sino encomenzar, y por responder al Gobernador Vaca de Castro, que me escribió ambas veces.

También envié este verano a poblar una ciudad en el valle de Coquimbo, y púsele La Serena, que es al medio de camino de Copayapo aquí, porque, con estar aquella venta allí, pueden venir seguros de indios. Dejé media docena de soldados, y no les faltará y doscientos que quieran, y el teniente que allí envié, en dos meses trajo todos los valles de paz, y le sirven. Está con veinte de caballo, y los doce son criados míos que los tengo en frontería, porque no hay indios; y los demás vecinos ternán a ciento y a doscientos el que más, porque desde el valle de Canconcagua hasta Copayapo no hay tres mil indios; y por eso pienso que la despoblaré como el camino se trille, y así lo escribo a S. M. De lo que han de servir aquellos valles será de algún tributo a esta ciudad, y de tener en cada uno un tambo para los que pasaren; y los indios se holgarán de ello, que también están cansados de la guerra que les he hecho los años pasados.

Así que ya pueden venir sin temor los que quisieren, que no les faltará de comer, porque hay tanto, que sobra. De aquí a tres meses, que es el medio del verano, se cogerán en esta ciudad más de doce mil hanegas de trigo y maíz; al tiempo, sin número, porque hay dos sementeras, que el maíz siembran por noviembre y se coge por abril y mayo; y por este tiempo se siembra el trigo y se coge para noviembre y diciembre; y de las dos cochinillas y el cochino se han dado tantos puercos, que hay más de ocho mil cabezas en la tierra, y de la gallina y pollo hay tantos como yerbas, y en invierno y verano se crían sin cuento, y cómese de todo en abundancia.

Sepa V. M. que tengo doscientos hombres en la tierra, que cada uno me cuesta, puesto aquí, más de mil pesos; porque por lo que me prestaron los mercaderes cuando yo vine, pagó sesenta mil pesos de oro, y por lo que trajo el capitán, así de gasto de la gente, como del navío de Lucas Martínez, debo ciento y diez mil pesos, y del postrer navío que trajo el capitán Juan Baptista, me adeudé en otros sesenta mil, y de esta ida que va Monroy me adeudará en otros cien mil, y de la tierra no se ha habido más de los siete mil que le tomaron en Copayapo, que ya los indios me los han enviado, y los veinte y tres mil que ahora van, y todo vuelve al Perú a gastar en beneficio de la tierra y para su sustentación: se ha tomado y distribuido entre los soldados, porque han sustentado la tierra, y la sustentan, y lo merecen y no hay qué darles aquí; y sepa V. M. que no tengo acción de quien cobrar un solo peso para en descuento de toda esta suma, que todo se lo he soltado y soltaré lo que más les diere. Bien sé que dirá V. M. que no haré casa con palomar y que soy un perdido. Yo lo confieso: pero, porque mudar costumbres es a par de muerte, con todas estas tachas me ha de hacer mil mercedes V. M.

Desde Copayapo hasta Mauli hay ciento y treinta leguas de largo y por lo más ancho veinte y cinco, veinte, y quince menos. Habrá ahora quince mil indios, porque de la guerra, hambres y malas venturas que han pasado, se han muerto y faltan más de otros tantos. Así que podrán ser aquí en esta ciudad veinte o veinte y cinco vecinos; y por esto, y porque tengo de despoblar La Serena, porque no se podrá sustentar, envío a suplicar a S. M. que la merced que fuese servido de me hacer, comience dende aquí, porque por esto he sustentado este pie, y por ser todo esto un pedazo de tierra riquísima de minas de oro, y de aquí se ha de encomenzar a entrar en la tierra y buscar donde dar de comer a estos soldados y descargar la conciencia de S. M.; y le digo que el peso de la tierra está en que no venga por el Estrecho capitán que me perturbe a nada, hasta que yo envíe relación de toda la tierra con la discreción de ella; y si estuviese alguno proveído, se sobresea, porque dejado aparte que se perderán todos si los indios sintiesen alguna contienda entre cristianos, ya V. M. sabe lo que es, como bien acuchillado, porque no deseo sino descubrir y poblar tierras a S M. Y desque tenga noticia de mí y de mis servicios, déla a quien fuere servido, con advertir sea con condición que la tal persona pague a mis acreedores lo que pareciere haber gastado en beneficio de la tierra y por su sustentación; y con esto yo quedaré contento y en calzas y en jubón, y con mis amigos iré por mar y por tierra a descubrir más en servicio de S. M. También le suplico me haga merced confirmar la fecha por su Cabildo, y hacérmela de nuevo; y esto pido, porque conviene a su cesáreo servicio tener esta reputación en esta tierra con la gente.

Así que esto es en lo que V. M. ha de favorecerme, para que S. M. me haga estas mercedes, en tanto que yo envíe a dar cuenta y razón cumplidamente. El portador de la carta de S. M. y de ésta es un caballero llamado Antonio de Ulloa, natural de Cáceres. Tuvo nuevas de sus deudos que un hermano mayorazgo se le murió y quedará él con la casa de su padre. Váse porque no se pierda la memoria de ella. Quisiera tener con qué enviarle tan honrado y prósperamente como él merece; pero viendo él que no lo tengo, y mi voluntad, que era de darle mucho, va contento con lo poco que lleva. El ha servido muy bien a S. M. en estas partes. A V. M. suplico le tenga en el lugar que merece; porque yo le tengo por amigo, por el valor de su persona y ser quien es. De él podrá V. M. saber todo lo que de más fuere servido saber de mí y de estas partes, porque, como testigo de vista, sabrá dar buena relación.

Yo hice en el Perú ciertos negocios, conciertos y compañías, a tiempo que tomé esta empresa, con Francisco Martínez y Pero Sancho de Hoz, que V. M. bien conoce; y el Pero Sancho, por no poder cumplir conmigo, se apartó del concierto voluntariamente; y el Francisco Martínez, desque vio los gastos y poco provecho, me rogó deshiciese la compañía; y así se hizo, no dejando de lo satisfacer al uno y al otro al presente en lo que puedo, y en lo porvenir lo haré, de lo que están bien confiados, dándome Dios salud. Y porque ellos enviaron en aquel tiempo a sus deudos las escrituras y habrán negociado algo con los señores del Consejo de Indias, y sabiendo ahora que yo pido a S. M. lo que a V. M. escribo, quisiesen estorbar, no siendo avisados de acá, envío las escrituras de la desistión y del deshacer de la compañía con esta carta. Suplico a V. M. en este caso, si fuere menester, responda por mí, hablando verbal y por cartas; y no hallándose en la corte, lo encomiende V. M. a algún servidor que entienda en ello.

A V. M. suplico otra y muchas veces me tenga en el lugar de muy verdadero servidor, como hasta aquí, y que en la voluntad de V. M. no conozca yo mudanza del amor que siempre me mostró y tenía, y sea servido de me mandar escribir al Perú por la vía que V. M. enviaré cartas, enderezando las mías a Lucas Martínez Vegaso, a Arequipa, que él me las encaminará de allí; y pues sabe V. M. la que recibiré con ellas, me haga tan señalada en me hacer saber de la salud de su muy magnífica persona y de sus negocios y reputación en que está con César, que todo será para mí muy entero contentamiento: y con esto acabo, aunque no quisiera en mil pliegos de papel, porque sé cuanto más largo escribiese, más V. M. se holgaría con las mías.

Si tuviera patrimonio para vender y salir con esta empresa y servir a S. M. no solamente lo hiciera, pero empeñara la mujer para ello, pudiendo la honra quedar satisfecha: dígolo, porque al presente no la proveo para que tenga el descanso y honra que es razón. Por la necesidad en que estoy, solo le envío ahora con el señor Ulloa quinientos pesos para su sustentación. A V. M. suplico sea servido mirar por ella como por servidora, pues lo soy yo y ambos una misma cosa para su servicio, y la favorezca a sus necesidades, como a V. M. lo supliqué cuando de Lima partió y a ella se lo mande V. M. así escrito, porque le será gran descanso, y yo deseo de dárselo, y para mí no hay merced que se le iguale.

Porque mis cosas tengan calor que han menester con la sombra de V. M. me atreví a darle poder juntamente con el señor Antonio de Ulloa para que, hallándose en corte, pida por virtud de él y de mi parte a S. M. las mercedes que le escribo: a V. M. suplico me perdone este atrevimiento, pues la confianza que tengo de ser V. M. mi señor me dio avilanteza a lo hacer.

Como tuve nueva cierta de la muerte del Marqués, mi señor, hice hacer sus honras y cabo de año, como me dio lugar la posibilidad que al presente tenía. Siempre terné el cuidado, como soy obligado y debo, en prevenir y ayudar a su ánima con sufragios. Dios le tenga en su gloria. Deseara tener tanta posibilidad para las hacer tan suntuosas cuanto los trofeos de sus hazañas merecían.

Yo escribo al señor secretario Samano, y digo que si V. M. se halla en corte, me presentará a su majestad por servidor. Suplico a la vuestra lo haga y de tal manera, que me tenga, en el lugar de los muy verdaderos.

También escribo al ilustrísimo y Rmo. señor Visorrey y Cardenal y al muy ilustre señor conde de Osorno y muy magníficos señores Oidores del Real Consejo de Indias. No digo de V. M. que les hablará, por no atreverme; pero digo en mis cartas ser hechura del Marqués, mi señor. Por aquí puede V. M. hacerse encontradizo, y en achaque de trama, como dicen, hacerme merced, si fuere servido. También escribo al Ilmo. señor Duque de Alba y al muy ilustre señor Comendador mayor de León y al muy magnífico señor comendador Alonso de Idiáquez. Puede V. M. usar de la cautela que con los demás. También escribo al señor Lope de Idiáquez, amigo de V. M. y mi señor, haga en todo como en cosas de servidor.

Ahí envío a V. M. el treslado de una carta que escribo al señor Gobernador Vaca de Castro, y le respondo como por ella verá, a ciertas provisiones que me envió con el capitán Monroy para que fuese su teniente; yo respondo: Noli me tangere quia Caesaris sum. Va mal escrita, y Cárdenas no la pudo copiar porque es solo a este despacho.

Es el señor Gobernador tan gentil caballero y sabio y háseme mostrado tan de veras padre, que bien cierto soy aceptará mi disculpa; pero podría ser que algún factor de su S.ª en esa corte fuera de su comisión, hablase algo por donde fuese necesario saber lo que yo le he escrito, y por eso lo envío.

Cuando el señor Gobernador despachó al capitán Alonso de Monroy el secretario de su S.ª, llamado Francisco Páez, que es ido a esa corte, le fue propicio, y encaminó a un hermano suyo y otro amigo en ella, que se llaman Miguel Páez y Sebastián de Ledesma; dicen son criados del señor Comendador mayor de León, para que harían mis negocios en corte, y para ellos le pidió el salario, y por virtud de un poder que llevaba mío les señaló mil pesos en cada un año; y como dende a otro adelante, llegó a esta ciudad el capitán con el socorro y me dijo esto, viendo la poca manera que tenía para despachar a S. M. tan presto, porque no se multiplicase por guarismo, sin fruto, revoqué el poder. No lo hice con cautela, porque de esta no quiero usar, sino porque no corra tanto salario, y lo haya de pagar sin saber por qué; y así cuando ellos se hayan empleado en mis cosas, serán por mí satisfechos; y esto quiero que sea voluntario y no forzoso. A V. M. suplico sepa las personas que son y lo que pueden y me avise para que, conforme a ello, yo provea a la razón, y, si la hay, para que satisfaga en todo o en parte; y si fuere otra cosa, se pueda decir: anda con Dios que un pan me llevas.

A Pero de Soria escribo a Porco que si se ofrecieren en esta tierra cosas que convengan al servicio de V. M. me lo haga saber; y si él tuviese necesidad para ellas de que yo provea de acá allá, también, porque así se cumplirá y que sepa está V. M. en esta tierra en persona; y aunque la suya no sea de tanto valor, es de tanta voluntad para emplearse en esto, que ninguna hay en el mundo que me pase, y la que me hubiere de llegar ha de correr y volar más que el pensamiento.

Somos a quince de agosto, en este puerto de Valparaíso de la ciudad de Santiago del Nuevo Extremo; y porque el navío que envío abajo es menester echarlo a monte, y no hay aquí pez, y en la ciudad de La Serena hay mucha, que es una cera y betume que nace en unas ramitas como yerba, que dicen es para aderezar navíos mejor que cuanta pez gruesa hay, y se deterná en esto diez o doce días, me embarco para allá por no perder tiempo y acabar entre tanto estos despachos, que seré con ayuda de Dios en ella en dos.

Ha diez días que llegué a esta ciudad de La Serena y he acabado mis despachos, y envío con la bendición de Dios a los mensajeros para esa corte y para el Cuzco. Él los lleve todos a salvamento, y esta carta a poder de V. M.; y yo daré de aquí a ocho días la vuelta a la de Santiago, a donde dejé dada orden a mi maestre de campo tuviese presta la gente y para ir a poblar adelante. Aquí he dicho a los caciques sirvan bien a los cristianos, porque ahora envío por muchos, y si no lo hacen, pagarán el pato; y como hasta aquí no les he mentido, temen y dicen servirán. Con todo esto, dejaré aquí tal orden que los hayan miedo, aunque, como V. M. sabe, siempre que la ven la acometen. Vuestra merced me eche su bendición y haga mil mercedes, pues yo nunca me he de cansar de hacerle servicios. Y así lo doy por fe y testimonio, firmado de mi propia mano y firma. Guarde y prospere Nuestro Señor la muy magnífica persona de V. M. con el acrecentamiento de estado que yo deseo, que bien se me puede fiar. De esta ciudad de La Serena, 4 de septiembre de 1545.

Pedro de Valdivia.

Al emperador Carlos V. La Serena, 5 de septiembre de 1545

S. C. C. M.

Con Antonio de Ulloa escribo a V. M. lo que hasta ahora me ha dado el tiempo lugar, y lleva los treslados autorizados de la elección que hicieron en mi persona el Cabildo y pueblo de esta ciudad de Santiago del Nuevo Extremo, que yo fundé por V. M., y de la posesión que en su cesáreo nombre he tomado de la tierra adelante; y asimismo envío otro duplicado de esto por vía de mercaderes para que alguno de ellos venga ante su Real acatamiento. Con el navío que de aquí van estos despachos, envío a lo que en mis cartas digo, a las provincias del Perú, al capitán Alonso de Monroy, mi teniente general; podría ser hallase en ellas alguna novedad, aun que no como las pasadas, que de esto seguras están, pero que hubiese Dios dispuesto del Gobernador Vaca de Castro, lo cual a Él plega no sea, porque V. M. perdería en muy gran servidor y criado, o otras que suelen acaecer, por donde no pudiese hacer el fruto que conviene en su cesáreo servicio y bien de sus vasallos y de esta tierra y naturales, poniéndole algunos embarazos por donde no se efectuase, y para dar a V. M. razón de quién fuese la causa de hacer este daño y relación de mi persona y de esta tierra, le conviniese irse a presentar ante V. M.; lo que puedo decir y el autoridad que le puedo dar para con su sacratísima persona, es ser la misma mía: en lo que dijere y suplicare de parte de ella, suplico yo muy humillmente le dé el crédito que a mí, porque es la suya de las más preeminentes que conmigo vinieron a estas partes y que ha servido a V. M. en ellas como caballero e hijodalgo que es, y si, caso Dios allá le llevare, aunque más deseo tengo por el presente le volviese con buen recaudo, tenga V. M. por cierto irá, más por lo que a su cesáreo servicio converná que por el propio interese de ambos, y remitiéndome en tal caso a la relación que él hará, por ir bien advertido de todo y saberle dar, no me alargo a más S. C. C. M.: Nuestro Señor por largos tiempos guarde su sacratísima persona con la superioridad de la monarquía del universo. De esta ciudad de La Serena, en este Nuevo Extremo, a cinco días de setiembre, 1545. S. C. C. M., muy humilde súbdito y vasallo, que las sacratísimas manos de V. M. besa.

Pedro de Valdivia.

Al Consejo de Indias. Los Reyes del Perú, 15 de junio de 1548

Muy alto y muy poderoso señor: Llegado a este reino de la Nueva Castilla y real del Licenciado Gasca, presidente de él, que en nombre de V. Alteza tenía contra la tiranía de Gonzalo Pizarro y los de su rebelión, escribí a nuestro Monarca y Emperador, mi señor, teniendo por cierto aquella iría a sus sacratísimas manos o a las de V. Alteza, lo que no tengo por cierto haber ido ninguna de las que hasta ahora he escrito, y en ellas daba relación a S. M. y a V. Alteza de lo que en su Real servicio he hecho en aquel reino y gobernación del Nuevo Extremo y de los grandes gastos que en sustentarlo y poblarlo y descubrirlo se me han ofrecido y cada día se me ofrecen; y perseverando en el Real servicio de V. Alteza, de una nao que por gran ventura fue a aquella tierra, supe la rebelión de estos reinos y tiranía de Gonzalo Pizarro, y luego me dispuse a venir a servir a V. Alteza, como siempre lo he procurado de hacer y ha veintiocho años que lo hago. Venido al real de V. Alteza, el Presidente me dio cargo del campo, juntamente con el mariscal Alonso de Alvarado, Maestre de campo, y yo, deseando el servicio de V. Alteza y merecer más en su Real acatamiento, hice lo que en nombre de V. Alteza me mandó, y procuré por mi parte de hacer todo lo a mí posible para que la tiranía no pasase más delante, con el menor daño posible y menos muertes de los vasallos de V. Alteza. Fue Dios servido, que en la cesárea y Real ventura de nuestro Monarca y de V. Alteza y bondad del Presidente y solicitud de los capitanes de mi campo, con muerte de solo un hombre, V. Alteza hubo la victoria. El Presidente hizo justicia de Gonzalo Pizarro y de los que halló más culpados, y cada día la hace de los que lo merecen: porque V. Alteza crea que no se pudiera enviar a estos reinos quien mejor que él entendiera las cosas de acá, ni de quien V. Alteza pudiera ser más bien servido.

Concluidas las alteraciones de estos reinos, habida del Presidente verdadera noticia de lo que ha gastado en servicio de V. Alteza en la sustentación y población de aquella tierra, y descubrimiento de la de adelante, que son más de trescientos mil pesos, y conociendo el deseo que tengo de servir a V. Alteza, me proveyó en su Real nombre de gobernador y capitán general de aquella gobernación del Nuevo Extremo, por virtud del poder y comisión que para ello de nuestro César tenía, por todo el tiempo de mi vida, señalándome por límites de la gobernación desde veintisiete grados hasta cuarenta y uno norte sur meridiano, y del este oeste, que es travesía, cien leguas, como lo relata más largo la provisión que por virtud del poder me dio, y de ella envío un traslado autorizado, juntamente con la instrucción de la Audiencia de V. Alteza que en estos reinos reside me dio. Asimismo los capítulos que yo pedí al Presidente, y los que en nombre de V. Alteza me otorgó, todo lo envío al Real Consejo de V. Alteza para que allá se vea y mande V. Alteza lo que más a su servicio convenga.

Por la capitulación mandará V. Alteza ver lo que a lo que yo pedí se me concedió; no se me concedió todo, porque la comisión de S. M. no se extendía a más: como humil súbdito y vasallo suplico a V. Alteza me mande enviar su Real provisión para confirmación de la que el Presidente me dio, y juntamente con ella me mande hacer las mercedes que en la capitulación pido, que aunque V. Alteza no tenga entera relación de mis servicios, le serán tan acetos, que terná por bien de me hacer mercedes, porque aunque no hubiera gastado trescientos mil pesos en sustentar y poblar y descubrir aquella tierra, solo por la haber sustentado, estando tan mal infamada como quedó después que de ella dio la vuelta el Adelantado Almagro, y por la voluntad y deseo con que tomé la jornada y me ofrecí a gastar lo que tenía en servicio de V. Alteza, es cosa razonable V. Alteza me mande hacer todas mercedes.

Demás de los gastos que en la sustentación de la tierra se me han ofrecido para venir a servir en esta jornada a V. Alteza y llevar el armada que llevo, que por no hacer daño a los naturales de este reino, irá muy poca gente, y la cantidad de ella irá por mar, y para ello juntamente con el galeón y galera que estaban en este puerto de la real armada de V. Alteza, las cuales llevo, y asimismo otras dos naos que me cuestan, dejando aparte lo que en esta tierra metí, que fueron más de ochenta mil peses, más de otros sesenta mil.

El Presidente envió aquí a mandar a los oficiales de V. Alteza que apreciasen el galeón y galera y otras costas de vituallas que había, y me las diesen, quedando obligado a pagarlo a los Oficiales al tiempo que acá nos concertásemos, y apreció se en veintisiete mil y tantos pesos; estoy obligado a pagarlos a V. Alteza, a quien humillmente suplico, que pues todo se gastó en su Real servicio, yo no quiero más de para gastar; lo cual sea servido enviarles a mandar no los cobren de mí, pues yo no quiero más vida de para gastarlo en servicio de V. Alteza.

A. V. Alteza suplico mande ver las mercedes que en la capitulación pido, y me las mande conceder, pues V. Alteza tiene por costumbre de gratificar los que le sirven y hacerles en mayor grado las mercedes que son los servicios, y porque V. Alteza hallará por verdad que con lo que he gastado en esta jornada que le he venido a servir y los gastos de la armada que llevo, me cuesta, después que por servir a V. Alteza tomé la empresa, más de cuatrocientos mil pesos, y los tengo por bien empleados, habiendo sido en servicio de V. Alteza y en aumento de su Real Corona.

Cuando envié a descubrir la costa, como a nuestro Monarca escribí, y a tomar la posesión de la tierra en nombre de V. Alteza, llegó el navío que envié cerca del Estrecho de Magallanes, y si V. Alteza es servido que el Estrecho se navegue, me lo envíe a mandar, porque no está en más navegarse, mediante la voluntad de Dios, de ser V. Alteza de ello servido; porque aunque yo para ello me haya de empeñar en más de lo empeñado, por más servir a V. Alteza, haré de manera que desde el día que llegare el mandado de V. Alteza, en muy breve haya nao en Sevilla que lo haya pasado; porque en estos reinos todos tenemos por muy cierto que V. Alteza será de ello servido y ellos muy aumentados.

Nuestro Señor guarde y ensalce la muy alta y poderosa persona de V. Alteza, con acrecentamiento de muchos más reinos y señoríos, como los vasallos de V. Alteza deseamos. Fecha en la ciudad de los Reyes del Perú, a 15 de junio de 1548. Muy alto y muy poderoso señor, humil súbdito y vasallo que los reales pies y manos de V. Alteza besa.

Pedro de Valdivia.

Al emperador Carlos V. Santiago, 9 de julio de 1549

Sacratísimo e invictísimo César. Habiendo, a imitación de mis pasados, servido a V. M. donde me he hallado y en estas partes de Indias y provincias de esta Nueva Extremadura, dicha antes Chili, y últimamente en la restauración de las del Perú a su cesáreo servicio en la rebelión de Gonzalo Pizarro bajo la comisión del Licenciado de la Gasca, Presidente en la Real Audiencia de los Reyes, que por el poder que de V. M. trajo me dio la autoridad de su Gobernador y Capitán General en este Nuevo Extremo, que solo la deseaba para mejor y más servir, en prosecución de mi deseo, di la vuelta de él, habiendo gastado lo que de acá llevé y adeudándome para traer gente y otras cosas necesarias para su perpetuación, y para ello me avió y favoreció el Presidente, como habrá hecho relación de todo, y yo asimismo la di por mis cartas a V. M. desde la ciudad de los Reyes.

Llegado aquí hallé que los indios del valle de Copiapó, que es la primera población pasado el gran despoblado de Atacama, que de allí comienzan los límites de esta gobernación, y los de los valles comarcanos, estaban rebelados, y en aquel valle y en un pueblo que se decía La Serena, que tenía poblado cuarenta leguas más acá, a la costa, en un muy buen puerto, que era la mitad del camino entre aquel valle y esta ciudad, habían muerto cuarenta y cuatro cristianos y destruido el pueblo y quemado, y los indios en extremo desvergonzados.

Y como traía presupuesto, llegado a esta tierra, con tener el valle de Copiapó y los comarcanos de paz y que servían en aquel pueblo, que era seguridad del paso y distancia para que pudiese venir segura la gente, que hay demasiada en el Perú, a servir aquí a V. M., y la llave de esta ciudad de Santiago, que es la puerta para entrar en la tierra, y porque ésta no se me cerrase para el efecto de mi deseo, han sido en demasiados trabajos que he tenido hasta aquí y gastos que he hecho en la sustentación de todo, sin haber habido ningún provecho particular; y ha sido Dios servido que torne a los ya pasados de nuevo, y para no perder tiempo en lo de adelante y que la gente que ahora traje conmigo no destruya esta ciudad, que tanto importa, y quede segura con mi salida y el camino abierto, como llegué a ella, día de Corpus Christi, presentadas las provisiones Reales en Cabildo, las recibieron, y a mí por virtud de ellas por gobernador y Capitán General de V. M., y se pregonaron con el regocijo, solemnidad y autoridad que se acostumbra y ellos y todo el pueblo pudieron. Proveí a la hora de capitán y gente que conquiste y castigue los indios y pueble; y a mi teniente general envío al Perú a que traiga gente y con ella vaya a poblar este verano otro pueblo tras de la cordillera de la nieve, en el paraje del de La Serena, que hay disposición y naturales para que el uno al otro se favorezcan; y yo en el entretanto emprenderé lo de adelante y poblaré una ciudad donde comienza la grosedad de la gente y tierra, que ya la tengo bien vista, y en demanda de esta misma noticia, oscuras y a la ventura, han andado todos los españoles del Río de la Plata y los que han salido al Perú ahora de aquellas partes. Y yo espero en la buena de V. M. y con lumbre ir a cosa sabida y a la causa, confiado de que Nuestro Señor quiere de V. M., por manos de un su más humilde vasallo, recibir gran servicio, perseverando en trabajar y empeñarme de nuevo, me disporné a ello para sustentar esto y lo demás durante la vida que Dios fuere servido de me dar.

Invictísimo César, bien me persuado que para ser tenido de los caballeros que siguen su Real Corte y Casa por varón de presunción y honra, por tocar a la mía y a mi interese particular, me convenía de presente posponer todos los gastos que se me ofreciesen y solo atender a despachar a V. M. persona propia a representar servicios y pedir mercedes y enviar por mi mujer y casa; y pensábalo hacer con el oro que tenían sacado mis cuadrillas en tanto que fui al Perú a servir, porque no fuera necesario, a no se haber ofrecido este frangente; pero por la rebelión de los indios y pérdida del pueblo, me ha convenido, con ello y con lo demás que he podido hallar prestado entre amigos, enviar ahora al Perú a mi teniente para traer más gente y proveer a esta necesidad, por convenir así a la honra de V. M. y conservación de su Real hacienda, que por estas dos cosas tengo de posponer las propias toda la vida, teniendo delante los ojos la obligación con que nací de cumplir primero con mi Rey; y como haya dado vado a esto, que es lo principal, atenderé a lo que me tocaré como accesorio: a V. M. suplico sean en este caso aceptas mis excusas, pues van fundadas solo en hacer lo que soy obligado en el servicio de V. M.; porque aquello en que más pudiere servir estimo ser mi mayor prosperidad y camino de salvación, pues está en la mano el poderse convertir grandes provincias populatísimas, de que Nuestro Señor será tan servido y el Real patrimonio de V. M. ampliado.

Sacratísimo César, Nuestro Señor por largos tiempos guarde la sacratísima persona de V. M. con aumento de la cristiandad y monarquía del universo. De esta ciudad de Santiago del Nuevo Extremo, IX de julio, 1549. El más humilde súbdito y vasallo de V. M. que sus sacratísimas manos besa.

Pedro de Valdivia.

A sus apoderados en la corte. Santiago, 15 de octubre de 1550

Instrucción y relación de lo que han de pedir y suplicar a S. M. y a los señores Presidentes y Oidores de su Real Consejo de Indias, en nombre de Pedro de Valdivia, gobernador y capitán general en su cesáreo nombre en estas provincias, dichas y nombradas por él de la Nueva Extremadura, como descubridor y primero poblador, conquistador, repartidor y sustentador de ellas, y con su poder el reverendo padre Bachiller en teología Rodrigo González, clérigo presbítero, y Alonso de Aguilera, tenido y estimado por caballero hijodalgo, cuando Dios sea servido de los llevar en salvamento a España y Corte de S. M. y lo que han de hacer y decir ambos juntos o el que de ellos dos se presentare ante su cesáreo acatamiento y de los señores Presidentes y Oidores de su Real Consejo de las Indias.

PRIMERAMENTE. Dar vuestras mercedes las cartas que llevan mías para S. M. y para los dichos señores de su Consejo de Indias, y de mi parte besarles las manos con aquel acatamiento y obediencia y devoción y humildad que debo al vasallaje y sujeción con que nací de vasallo de S. M. representándolo como soy obligado a lo ser y deben hacerlo en mi nombre.

Dar mis cartas particulares que van para sus señorías y mercedes, ofreciéndome a cada uno por servidor, con aquella afición y voluntad que yo a vuestras mercedes lo he significado.

Dar asimismo las cartas que llevan mías para los grandes señores de la corte de S. M. besándoles asimismo las manos de sus señorías de mi parte y representándome y ofreciéndome por servidor, en particular de S. S., suplicándole a S. S. y los que fuere justo, me reciban en el número de sus servidores y criados de sus ilustrísimas casas.

Darán vuestras mercedes asimismo mis cartas a todos los demás caballeros y personas para quien van, hablando a cada uno como vieren que conviene al tratamiento y ser de su persona, de mi parte, para animarlos a que me conozcan los que no me conocen, y se sirvan de mí y me envíen a mandar como de mi parte se les puede pedir por merced me favorezcan y ayuden en mis cosas, como yo haré en las suyas en todo tiempo; y a los que me conocen, dándoles por merced de mi parte me amen con aquella voluntad que yo los amo; y en esta tecla me remito a las prudencias de vuestras mercedes en lo demás.

Han de informar vuestras mercedes a S. M. y a los señores de su Real Consejo de Indias de las cosas que aquí se dirán, atento que de todas ellas doy parte a S. M. en mis cartas, y no me alargo en la relación de ellas, aunque van largas o prolijas, conforme a lo que hay que decir de tanto tiempo cuanto ha que vine a estas partes a servir a su Majestad y a que le sirvo treinta años ha en el arte militar y trabajos de la guerra.

Hacer relación sucintamente cómo serví a S. M. en Italia en tiempo del Próspero Colona y Marqués de Pescara hasta que murió, en el adquirir el estado de Milán, como buen soldado, por imitar a mis antepasados que se emplearon y emplean de cada día en lo mismo y servir en Flandes cuando S. M. estaba en Valenciana y vino el Rey de Francia sobre ella.

Dar relación de cómo pasé a estas partes de Indias, año de quinientos y treinta y cinco, y me hallé en el descubrimiento y conquista de Venezuela un año.

Dar relación cómo el año adelante de quinientos y treinta y seis pasé a las provincias del Perú a la nueva que por aquellas partes donde yo estaba se decía de la rebelión del Inga, natural señor de ellas, con todos los naturales, de su levantamiento contra el servicio de S. M. y aprieto en que tenían a los cristianos, que era en término de matar al Marqués Pizarro que los gobernaba, y a los demás vasallos de S. M. vecinos conquistadores que con él estaban, con la gran guerra que les daban; y cómo, movido por servir a S. M. en la posesión que tenía hecha, pasé a servir y ayudar a las defender o morir; y cómo en llegando ante el dicho Marqués Pizarro, sabiendo mi deseo y plática que tenía de las cosas de la guerra, me eligió por su maestre de campo general en nombre de S. M.; y con esta autoridad trabajé de las pacificar, así de cristianos por las pasiones del Adelantado don Diego de Almagro, como de los naturales y rebelión suya; y cómo conquisté dos veces las provincias del Collao y los Charcas, y ayudé a poblar la villa de Plata en ellas, y traje de paz toda la tierra, la cual ha servido hasta el día de hoy y sirve.

Informar y dar relación cómo el dicho Marqués Pizarro, en remuneración de los servicios que a S. M. hice en término de cuatro años que trabajé en lo dicho, me dio en depósito y encomienda el valle todo llamado de la Canela, que después que yo le dejé le dio al capitán Peranzulez y a su hermano Gaspar Rodríguez y a Diego Centeno; y Vaca de Castro, cuando gobernó aquellas provincias del Perú a S. M. dio en él de comer a tres conquistadores, que fue a los capitanes Diego Centeno, Lope de Mendoza y Dionisio de Bobadilla, el cual repartimiento vale y ha valido cada año más de doscientos mil castellanos de renta. Y asimismo ayudé a descubrir las minas de plata en el cerro rico y asiento de Porco, y hube en él una que ha valido más de doscientos mil castellanos. Y decir cómo, por venir a servir a S. M. en esta empresa, descubrimiento y población, dejé los indios y valles etc. y asimismo la mina, para que lo diese todo el Marqués a otros conquistadores y cumpliese con ellos, sin haber un solo peso de oro de interese ni más por ella.

Informar y dar relación cómo por la vuelta de la provincia de Chile del Adelantado don Diego de Almagro, que a ella vino con quinientos de caballo y se volvió al Perú dejándola desamparada, quedó la tierra más mal infamada de cuantas hay en las Indias, y que, con todo esto, pedí al Marqués Pizarro que me diese autoridad de parte de S. M. para venir con la gente de pie y caballo que yo pudiese hacer a la conquistar y poblar y descubrir más provincias adelante, a poblarlas en su Real nombre, por cuanto tenía deseo de me emplear en la restauración de esta tierra, porque sabía que se hacía muy gran servicio a S. M. en ello. Y viendo mi voluntad, el Marqués me dijo que se espantaba cómo quería dejar lo que tenía, que era tan bien de comer como él, y aquella mina, por emprender cosa de tanto trabajo; y como vio mi ánimo y determinación, por una cédula de S. M. dada en Monzón, año de treinta y siete, refrendada de Francisco de los Cobos, secretario de su Real Consejo Secreto, en que por ella mandaba al Marqués enviase a poblar y conquistar y gobernar el nuevo Toledo y las provincias de Chili, de donde había vuelto Almagro, me mandó viniese a poner mi buen propósito en cumplimiento de ella; y así con los despachos que me dio, y por virtud de la dicha cédula, yo vine a servir a estas partes, partiendo del Perú por el mes de enero de quinientos y cuarenta años.

Informar asimismo cómo para hacer esta jornada, el Marqués Pizarro no me favoreció ni con un tan solo peso de la Caja de S. M. ni suyo, y cómo a mi costa y misión hice la gente y gastos que convino para la jornada, y metí en esta tierra ciento y cincuenta hombres de pie y caballo y me adeudé por lo poco que hallé prestado demás de lo que al presente yo tenía en más de setenta mil castellanos.

Informar asimismo de los trabajos que pasé en el camino por conducir la gente a estas provincias, para hacer el fruto cine se ha fecho en ellas y en servicio de Dios y de S. M., siendo algún instrumento para que no pereciesen cristianos, así por los grandes despoblados que hay, y falta de comida y agua, como indios de nuestro servicio y cargas; y llegado al valle de Copiapó, lo que trabajé en hacer la guerra a los naturales y fuertes que les rompí y la guerra que hice por todos los valles adelante, hasta que llegué al valle de Mapocho, que es cien leguas de Copiapó, y fundé la ciudad de Santiago del Nuevo Extremo, a los veinte y cuatro de febrero del año de mil quinientos y cuarenta y uno, formando Cabildo, Justicia y Regimiento.

Informar asimismo cómo después de nos haber servido los naturales cinco meses y dado la obediencia a S. M., se me rebelaron, quemando el un bergantín que había fecho hacer con harto trabajo para enviar mensajero a S. M. a darle cuenta de mí y de la tierra y conquista y población de la ciudad, y para solicitar al Marqués Pizarro a que me enviase algún socorro de gente, de caballos y armas para constreñir a los naturales a que sirviesen y a poblar otras ciudades más adelante.

Informar asimismo cómo se juntó luego toda la tierra y andando yo con ciento de caballo a deshacer los fuertes donde la gente de guerra se favorecía, a quince y veinte leguas de la ciudad, habiendo dejado la guardia de ella al capitán Alonso de Monroy con treinta de a caballo y veinte peones, vinieron hasta ocho mil indios de todos los valles atrás; y dieron en la ciudad y quemáronla todo, sin dejar un palo enhiesto en ella, y pelearon todo un día con los cristianos y matáronnos veinte y tres caballos y dos cristianos, quemándosenos cuanto teníamos para remediar y proveer a los trabajos de la guerra, no quedándonos más de los andrajos y armas que traíamos a cuestas; y al venir de la noche, estando todos los cristianos heridos, dan en los indios con tanto ánimo que los desbaratan, y huyeron y fueron matando en el alcance toda aquella noche; y como lo supe, di la vuelta y reedifiqué la ciudad.

Informar asimismo cómo despaché, viendo el bergantín quemado, con cinco soldados a caballo, que no le pude dar más, al capitán Alonso de

Monroy, caballero hijodalgo, por tierra, a las provincias del Perú a que llevase los despachos a V. M. y los enviase de allí, y él volviese con el socorro que pudiese traer, y fue en grande aventura como la quedábamos asimismo acá; y llevaron todos hasta diez mil castellanos, que por el embarazo y porque habían de ir a noche y mesón por tierra de guerra y despoblados, hice hacer de ellos seis pares de estriberas, y los pomos y puños, y cruces de las espadas, y así se despidieron de mí para su jornada. Cómo en el valle de Copiapó mataron los indios los cuatro, con salirles de paz, y prendieron al Monroy y al otro compañero, tomáronles el oro y rompieron los despachos. Al cabo de tres meses mataron al cacique principal y huyeron en sendos caballos a las provincias del Perú. Llegaron a tiempo que gobernaba el Licenciado Vaca de Castro, estando en la ochava de la victoria que había habido contra el hijo de don Diego de Almagro. Pidióle licencia y favor para volver con el socorro de gente que pudiese hacer. Diósela, y el Monroy buscó quien le favoreciese para lo traer: halló hasta ocho mil pesos, con que dio socorro de sesenta de a caballo, que trajo consigo por tierra, y un navío con hasta cuatro mil pesos de empleo de Arequipa, y con media docena de botijas de vino para decir misa, porque cuando partió podía quedar en la ciudad hasta un azumbre, lo cual nos faltó cinco meses antes que fuese de vuelta; y cómo me obligó a que pagase yo acá por la cantidad dicha para el socorro y paga, más de setenta mil pesos. Tardó desde el día que partió hasta que volvió ante mí, dos años justos.

Informar asimismo el trabajo que pasé en estos dos años en la guerra, y cómo hice un cercado y fuerte, de estado y medio en alto, de mil y seiscientos pies en cuadro, que llevó, doscientos mil adobes de vara de largo a un palmo de alto; y que ellos y a él hicimos a fuerza de brazos los vasallos de S. M., y con nuestras armas a cuestas, sin descansar un hora, trabajamos en él hasta que se acabó; y esto a fin de que se acogiese allí la gente menuda, y lo guardasen los peones, y los de caballo saliésemos a los indios, que nos venían a matar nuestras piezas de servicio e hijos a las puertas de nuestras casas, según estaban tan desvergonzados, y arrancarnos nuestras sementeras; porque viendo que nos dábamos a sembrar, temían que vio nos habíamos de volver, y por forzarnos a ello nos hacían gran guerra en todo; y ellos no sembraban, manteniéndose de ciertas cebolletas ¿otras legumbres que produce la tierra de suyo; y en estos trabajos perseveramos los dos años dichos, y el primero sembramos hasta dos almuerzas de trigo que hallamos buenas entre obra de media fanega que nos quemaron los indios y habíamos traído para sementarnos; y de aquellas dos almuerzas se cogieron aquel año doce hanegas, que parece lo quiso Dios dar así, y con aquellas nos sementamos y cogimos el otro año al pie de dos mil; y con una cochinilla y un porquezuelo, que lo que todos los demás nos mataron los indios, multiplicamos en aquellos dos años, y una pollita y un pollo, questos salvó una dueña que con nosotros estaba, se ha multiplicado gran cantidad de ganado gallinas; y en esto y en defendernos y ofender a los indios no dejándolos estar seguros en parte ninguna, entendí los dos años dichos; y repartí la tierra ascuras y sin tener relación, porque así convino a la sustentación de ella por aplacar los ánimos de los conquistadores, dando cédulas de repartimientos a más de setenta, porque con aquellos atenderían a los trabajos que por delante tenían.

Informar asimismo cómo por el mes de enero del año de quinientos y cuarenta y cuatro, llegó el capitán Alonso de Monroy de vuelta a la ciudad de Santiago con los sesenta de caballo, y cuatro meses antes llegó el navío que despachó desde el Perú.

Informar asimismo, cómo, llegada esta gente, salí a conquistar la tierra, y constreñí tanto a los naturales rompiéndoles todos los fuertes que tenían, que de puros cansados y muertos de andar por las nieves y bosques, como alimañas brutas, vinieron a servir, y nos han servido hasta el día de hoy sin se rebelar más, y vi la tierra toda, y declaré los caciques e indios que había, que eran pocos y de aquellos habíamos muerto en las guerras buena parte.

Informar asimismo cómo poblé luego la ciudad de La Serena en un puerto de mar muy bueno y seguro, en el valle que se dice de Coquimbo, que es a la mitad del camino dentre la ciudad de Santiago y el valle de Copiapó, a efecto que pudiesen venir sin riesgo, los cristianos, a, servir a S. M. en estas provincias, de las del Perú, y que los indios no los matasen ni pereciesen por falta de comidas; y con el trabajo que la sustenté, teniendo siempre, demás de trece vecinos que eran, otros diez o doce soldados a la sustentación de ella, visitándolos de dos en dos meses con gente por tierra, y con un barco que hice hacer para este efecto, enviándoles siempre trigo, gallinas y puercos para que criasen y sembrasen y se pudiesen sustentar.

Informar asimismo cómo el junio adelante del dicho año de cuarenta y cuatro, vino al puerto de Valparaíso, que es el de la ciudad de Santiago, un navío que trajo el capitán Juan Batista de Pastene, suyo, piloto mayor de esta Mar del Sur, por los señores de la Real Audiencia de Panamá, con hasta quince mil castellanos de empleo, de Panamá, que trajo un criado del Licenciado Vaca de Castro, que se llamaba Juan Calderón de la Barca; y cómo tomé de mercaderías, armas y otras cosas necesarias para repartir entre los conquistadores para la sustentación de la tierra, al pie de ochenta mil castellanos.

Informar asimismo que para estos efectos he ayudado a soldados con armas y caballos, que les he dado en veces más de cincuenta y hecho otros gastos muy crecidos por perpetuar esta tierra a S. M.; y se me ha perdido gran cantidad de oro por enviar mensajeros a S. M., y por socorro a las provincias de Perú, y de todo ello no he habido fruto ninguno, ni tampoco han llegado mis despachos ante S. M. y no ha sido por falta mía, sino por la malicia de algunos de los mensajeros, como adelante se informarán, y por las alteraciones que ha habido en el Perú y por haberse quedado allí algunos de los mensajeros que enviaba a S. M. y otros muerto.

Informar asimismo cómo, vista la voluntad del piloto y capitán Juan Batista de Pastene, y con el celo que había venido al socorro de esta tierra con su navío llamado San Pedro, que fue por servir a S. M. y se me ofreció de le servir, y a mi en su cesáreo nombre, y le conocí por hombre de valor y de prudencia y experiencia de guerra de indios y nuevos descubrimientos, le crié y di la autoridad de mi lugarteniente de capitán general en la mar, y le envié con su navío y con otro en conserva y gente la que era menester, a que me descubriese por la costa arriba hacia el Estrecho de Magallanes hasta doscientas leguas, y me trajese lenguas; y envié en su compañía y para que me tomase posesión de la tierra, al capitán Jerónimo de Alderete criado de V. M., y a Juan de Cárdenas escribano mayor del juzgado de esta goberna-ción, a que diese testimonio de la posesión que se tomaba, y porque todos tres son muy celosos del servicio de S. M. Y así se fueron, y me trajeron lenguas, y tomaron la posesión, como se podrá ver por el treslado autorizado del mismo Juan de Cárdenas, que vuestras mercedes llevan, diciendo cómo este descubrimiento me causó otra cantidad de pesos de oro de gasto, que pasó la suma que por lo poder hacer hice, de más de veinticinco mil pesos.

Informar asimismo cómo, en viniendo del descubrimiento dicho, procuré de echar a las minas las anaconcillas e indios de nuestro servicio, porque los naturales atendiesen a sembrar, y los vasallos de S. M. les llevábamos la comida en nuestros caballos a las minas, que eran doce leguas de la ciudad; y esta comida la sacábamos de los cueros, partiendo por medio la que teníamos por a nos sustentar a nosotros o, a nuestros fijos, habiéndolas sembrado y cogido con el trabajo de las personas; y así aquella demora, que fueron hasta ocho meses, con estas pecezuelas, que fueron hasta quinientos, se sacaron hasta setenta mil castellanos. Todos los vasallos de S. M. me dieron y prestaron lo que era suyo; y con ello y con lo que yo tenía acordé de enviar de nuevo con el un navío de los dos que tenía, mensajero a S. M. y otros al Perú, a que me tornasen a traer más socorro.

Informar asimismo cómo despaché luego al capitán Alonso de Monroy y al capitán y piloto Juan Batista de Pastene en su navío para que el uno por tierra y el otro por la mar, me volviesen con socorro de gente caballos y armas y las demás cosas necesarias, trayéndome de esto todo lo que pudiesen, y envié a S. M. un mensajero, que se llamaba Antonio de Ulloa, natural de Cáceres, con el cual escribí largo, dando cuenta a S. M. y a los señores de su Real Consejo de Indias, de la conquista de esta tierra y población de la ciudad de Santiago y descubrimiento por mar; y entre ellos tres y otros dos mercaderes, repartí el oro que digo se sacó, para que todos trajesen el recaudo que pudiesen a esta tierra para su perpetuación y para que Antonio de Ulloa pudiese ir a dar cuenta a S. M. de mí y presentarle mis despachos. Y así partió el navío a los cuatro de setiembre de mil y quinientos y cuarenta y cinco años.

Informar cómo fui a la ciudad de La Serena a despachar este navío con los mensajeros que habían de ir a S. M. y al Perú, y por visitar aquella ciudad y dejar buen recaudo en ella, porque determinaba, luego de vuelta que fuese en la ciudad de Santiago, ir por tierra a descubrir donde pudiese poblar otra ciudad. Y así, en llegando hice apercibir sesenta de caballo bien armados, con las lanzas en las manos, a la ligera, y descubrí hasta un río grande que se dice Buybío, que está cincuenta leguas de la ciudad de Santiago, donde me dieron hasta ocho mil indios una noche, habiéndoles yo dado guazábaras. Otros dos días pelearon muy reciamente, y estuvieron fuertes al pie de dos horas en un escuadrón, como tudescos. En fin, los rompí, y huyeron y matamos su capitán y hasta doscientos indios, y ellos nos mataron dos caballos e hirieron otros diez o doce cristianos y caballos. Y teniendo nueva cierta cómo los indios de esta parte del río y de aquella, que es gran cantidad de lente, estaba junta para nos tomar todos los pasos y dar en nosotros, determiné de dar la vuelta, porque, a suceder algún revés, que no se pudiera excusar por ser pocos y los indios muchos, quedaba en riesgo la ciudad de Santiago y de La Serena, acordé de dar la vuelta, habiendo visto el sitio y tierra donde se podía poblar; y así lo di a entender a los indios y que supiesen que no venía a otra cosa.

Informar asimismo cómo, vuelto del descubrimiento, que tardé mes y medio en ir y volver, atendí a hacer sembrar, creyendo venían mis capitanes presto con gente, y a que se sacase algún oro para si me conviniese despachar más mensajeros. Luego el mes de setiembre, que era ya un año que habían partido, determiné a hacer a S. M. otro mensajero con el duplicado que llevó Antonio de Ulloa, y con lo demás que había que decir del descubrimiento por tierra y próspera que había hallado, que se llamaba Juan Dávalos, natural de las Garrovillas, y lleva dineros también para dar a mis capitanes, si los topase con necesidad. Topó al piloto Juan Batista y no te dio nada, ni fue a S. M. y echó los despachos a mal y a mí me llevó mis dineros sin nunca más verle. Fue este mensajero en un barco que teníamos hecho para pescar y nos sustentar con el pescado que tomábamos con el chinchorro. Fueron en el barco, míos y de particulares, todo para beneficio de la tierra, más de setenta mil castellanos. Todo se perdió y nunca se hubo fruto de ello acá.

Informar asimismo cómo desde ahí a trece meses llegó el capitán Juan Batista del Perú, que había veinte y siete meses que se había partido de mí, y me dio aviso de las revueltas del Perú y prisión del Visorrey Blasco Núñez Vela y desbarato suyo en Quito y muerte de su persona por Gonzalo Pizarro y los suyos, y como el dicho Gonzalo Pizarro estaba alzado y rebelado con la tierra contra el servicio de S. M., y como murió el capitán Alonso de Monroy; y Antonio de Ulloa, el mensajero que enviaba a S. M., había abierto los despachos, y después de leídos y hecho burla de ellos con otros mancebos como él, los rompió y se fue a Quito a servir a Gonzalo Pizarro y se halló en la batalla contra el Virrey, y cómo por este servicio que había fecho a Gonzalo Pizarro, le pidió licencia para hacer gente y traerme el socorro, y desque se vido de esta parte de los Reyes, se declaró venían a me matar y dar la tierra a Gonzalo Pizarro; y a esto me dijeron le había ayudado y favorecido un Lorenzo de Aldana, por gobernar acá, que era a la sazón teniente y justicia mayor en los Reyes por Gonzalo Pizarro, y me tomó los dineros que llevaba el Monroy, que murió allí, y los dio al Ulloa, y él los desperdició y gastó como se le antojó, sin haber provecho yo ninguno de ello. Y me fue causa el dicho Ulloa de perder más de sesenta mil castellanos; y lo peor, la mala obra que me hizo en no enviar los despachos a S. M. Y llegado a Atacama con la gente, dio la vuelta a los Charcas, a se juntar con un Alonso de Mendoza, hermano del Juan Dávalos, que a S. M. enviaba; y no fue, que era capitán de Gonzalo Pizarro en los Charcas, con voluntad de ir ambos a Gonzalo Pizarro, porque los había enviado a llamar, diciendo tener necesidad de ellos para ir contra el Presidente de la Gasca, que estaba en Panamá y pasaba al Perú, enviado por S. M.

Informar asimismo cómo este Antonio de Ulloa fue causa de que matasen los indios del valle de Copiapó diez o doce cristianos, y pusiesen en término de matar otros tantos, que salieron bien heridos, con pérdida de las haciendas y piezas de servicio, esclavos y fijos, y más de sesenta cabezas de yeguas; y esto fue por quitarle las armas y buenos caballos, que traían y dejarlos en Atacama a ruego de sus amigos, porque tenían voluntad de venir donde yo estaba. De estas cosas y muchas más fue causa el dicho Antonio de Ulloa.

Informar asimismo cómo, sabida la desvergüenza de Gonzalo Pizarro contra el servicio de S. M., llegando el navío que traía el capitán y piloto Juan Batista, primero de diciembre del año de quinientos cuarenta y siete al puerto de Valparaíso, a los diez del estaba dentro para ir al Perú a servir a S. M. y buscar al Presidente para le servir en su cesáreo nombre contra la rebelión de Gonzalo Pizarro.

Informar asimismo cómo desde allí proveí por mi Teniente General al Capitán Francisco de Villagra y le dejé a la guardia de esta tierra para que la defendiese y sustentase en servicio de S. M. y paz y justicia, por cuanto yo iba a servir a S. M. a las provincias del Perú a ser contra Gonzalo Pizarro, y cómo pedí al escribano mayor del Juzgado de estas provincias, en presencia de muchos caballeros que estaban allí conmigo en la nao, que habían de venir en mi compañía, y vecinos que habían entrado a se despedir de mí, que me diese, por fe y testimonio cómo yo dejaba estas provincias del Nuevo Extremo con el mejor recaudo que podía para que las sustentasen en servicio de S. M. y yo me hacía a la vela en aquel navío llamado Santiago a servir a S. M. en las provincias del Perú, y el caballero que en su cesáreo nombre venía a ellas, contra Gonzalo Pizarro y los que le seguían, hasta la muerte, hasta la muerte. Y hecho esto, disferí velas a los trece; y en doce días navegué hasta en paraje de Tarapacá, que es en el Perú, doscientas leguas más arriba de la ciudad de los Reyes. Tomé lengua en aquella costa, y supe cómo Gonzalo Pizarro estaba muy poderoso en el Cuzco con una victoria que había quince días había alcanzado en aquella provincia del Collao con quinientos hombres del capitán Diego Centeno, que traía mil y doscientos contra él, y que de Panamá era partido para el Perú el Licenciado la Gasca con el armada que era de Gonzalo Pizarro, que se la habían entregado sus capitanes.

Informar cómo, sabido esto; mandé disferir velas, con voluntad de no parar hasta verme con el Presidente; y así, en catorce días llegué a la ciudad de los Reyes. Antes de llegar al puerto, supe cómo el Presidente iba camino del Cuzco con la gente que le quiso seguir, contra Gonzalo Pizarro. Surgí en el puerto, y salí en tierra, dejando la nao con el armada de S. M. y fuime a la ciudad. Despaché luego con diligencia al Presidente, y haciendo saber mi venida y suplicándole me esperase, porque no me deternía en aquella ciudad sino ocho a diez días, que luego le seguiría.

Informar asimismo cómo en diez días que allí estuve, me proveí de armas y caballos para mi persona y para los gentiles hombres que iban en mi compañía, y de otros pertrechos para la guerra; y en éstos y en socorros que di a gentiles hombres para que fuesen a servir a S. M., que lo habían menester, gasté en los diez días sesenta mil castellanos en oro; y así seguí tras el Presidente y le alcancé en el valle de Andaguaylas, cincuenta leguas más allá del Cuzco.

Informar asimismo cómo llevé de estas partes para servir a S. M. cien mil castellanos en oro, los sesenta mil míos y de amigos que me los dieron de buena voluntad, y los cuarenta mil que tomé a particulares, a quien mil, y mil quinientos, y dos mil, dejando orden a mi teniente, a quien quedaron asimismo mis haciendas, para que se los pagasen poco a poco de ellas, como lo fuesen sacando de las minas, que sacan cada un año, libre de costas, doce o quince mil pesos.

Informar asimismo cómo, llegado ante el Presidente, me recibió muy bien y con mucha alegría, y todos aquellos caballeros y capitanes del ejército asimismo; y dije al Presidente cómo yo venía, como supe la rebelión de Gonzalo Pizarro y la venida de su señoría a la tierra, a servirle en nombre de S. M. en lo que fuese servido de mandar. Respondióme que más holgaba con mi persona en venir a tal coyuntura, que con ochocientos hombres los mejores de guerra que le pudieran llegar. Yo le rendí las gracias y tuve en señalada merced la que me hacía.

Informar asimismo cómo me dio toda la autoridad que traía de S. M. para en los casos de la guerra, poniendo bajo de mi mano todo el ejército de S. M. diciéndome que me daba aquel mando por mi experiencia y prudencia en las cosas de la guerra, y que ponía en mis manos la honra de S. M.; y dijo a todos los caballeros y capitanes, gente de guerra, que les rogaba y pedía por merced de su parte, y de la de S. M. les mandaba y encargaba, me obedeciesen en lo que les mandase a todos en general y a cada uno en particular en las cosas de la guerra, así como le obedecerían a él, porque de aquello se servía mucho S. M.; y así respondieron todos que lo harían, y yo besé las manos a su señoría de parte de S. M. por la merced tan grande y confianza que hacía de mi persona en su cesáreo nombre, y dije que yo tomaba la honra de S. M. sobre mí y la guardaría ilesa o perdería la vida sobre ello.

Informar cómo puse orden luego en repartir los arcabuceros en compañías por sí, y los piqueros y gente de caballo, y les hice repartir armas y proveer de pólvora y mecha, y ordené los escuadrones y el artillería donde había de ir cada día, y con esta orden el general Pedro de Hinojosa caminaba con el campo, y el mariscal Alonso de Alvarado y yo caminábamos siempre delante, corriendo el campo, y hacíamos el alojamiento, y con esta orden llegamos al río de Aporima.

Informar asimismo de lo que serví en aquella jornada, así en el trabajo y diligencia que puse en el pasar la puente, que nos quemaron los enemigos, por no cumplir un vecino del Cuzco que estaba a hacerla lo que le mandé, que fue que no echase las criznejas de la otra parte hasta que yo llegase personalmente.

Informar cómo pasé y tomé el alto a los enemigos, quedando el Presidente, Alonso de Alvarado y el General Hinojosa a hacer pasar toda la gente y cómo llegó toda arriba y descansamos allí dos días, estando a seis leguas de Gonzalo Pizarro y su campo.

Informar cómo el mariscal Alonso de Alvarado y yo íbamos delante, reconociendo el campo; y dende a dos días llegamos a vista de los enemigos, y toda aquella noche hice estar en escuadrón toda la gente, y los de caballo con las riendas en las manos, renegando de mí y de quien allí me trajo; y otro día por la mañana oímos misa el Mariscal y yo; y dije al Presidente que hiciese bajar el campo cuando se lo hiciésemos saber, y luego eché fuera todos los sargentos y puse en orden todos los escuadrones, para que marchasen así como los dejaba.

Informar cómo fuimos el Mariscal y yo con el artillería, y de un alto puse cuatro tiros, y yo los asesté, y con ellos forcé los enemigos alzar sus toldos y recogerse en un fuerte en escuadrón. Enviamos luego el Mariscal y yo a decir al Presidente que hiciese marchar el campo y que yo prometía a su señoría de darle aquel día la victoria de sus enemigos, sin que muriesen del ejército de S. M. treinta hombres, y lo mismo dije al Mariscal; y en esto comienzan a huirse los indios con los toldos echados, a una banda de la sierra, y algunos cristianos entre ellos, y fue tanto el temor que hubieron del artillería, como después dijo Francisco de Caravajal, que no podía tener la gente en orden en escuadrón. Y en esto hice bajar el artillería al bajo, al llano, y ya la gente de caballo estaba allá; y yo bajé a pie, que no podía ir a caballo, y mandé tirar el artillería; y con esto comienzan a huir unos para nuestro ejército y otros a salvarse por otras partes, de manera que se constriñó a Gonzalo Pizarro a venirse a dar a un soldado; y así se prendieron las cabezas y se hicieron justicia de ellas allí en el valle de Xaquixaguana, que es donde se representó esta batalla.

Informar asimismo como fui, estando ya preso Gonzalo Pizarro y aquellos capitanes, a hablar al Presidente, y en viéndome me dijo: «Señor gobernador —que hasta allí siempre me llamaba capitán—, vuestra merced ha dado la tierra a S. M.» Yo le respondí que se la había dado Dios, y yo sirviéndole como criado y vasallo, y que besaba las manos a su señoría por tan gran merced y favor; que de lo que yo recibía entero contento era de haber hecho lo que era obligado, cumpliendo mi palabra y ser la victoria sin pérdida ninguna de los vasallos de S. M., y que así le volvía la autoridad que en su cesáreo nombre me había dado, ilesa. Respondióme que era verdad que yo había cumplido muy bien lo que había prometido y dado la tierra a S. M.; y el mariscal Alonso de Alvarado dijo a la sazón que aún había hecho más de lo que había dicho, de que él era buen testigo.

Informar asimismo, cómo, vencida la batalla, se vino el Presidente al Cuzco y vine en su compañía y estuve allí hasta quince días. Pedíle licencia para hacer gente y sacarla por mar y tierra para esta gobernación: diómela; despaché un capitán luego a que me tomase las comidas en Atacama para cuando yo fuese con la demás gente, y otros dos a los Charcas y Arequipa, y yo me partí a los Reyes a procurar de comprar navíos; y viendo el Presidente la necesidad en que estaba, mandó a los Oficiales de S. M. me vendiesen un galeón y una galera que había de V. M. en aquel puerto, y me lo fiasen. Llegué a los Reyes; diéronme los navíos; hice escritura por ellos, y por cierta comida que me dieron y navíos para conducir la gente y armada a estas partes, de cantidad de treinta mil castellanos. Estuve un mes, aderecé estos navíos y compré otro y salí con ellos mi viaje. Es la costa en aquel tiempo trabajosa de navegar. Y porque suelen tardar las naos en subir mucho hasta Atacama, salté en la Nasca en tierra, dejando el armada al capitán Jerónimo de Alderete, mi teniente general de ella, para que la subiese. Yo me vine por tierra a la ciudad de Arequipa, donde hallé la gente que tenían hecha mis capitanes; y sin detenerme más de diez días, por no dar molestia a los vecinos, salí de ella; víneme para el valle de Tacana y Arica, donde había mandado subir el armada.

Informar asimismo que, llegado a Tacana, me alcanzó ocho leguas atrás el general Pedro de Hinojosa, y le recibí como servidor de S. M. y amigo mío; y demándele que a qué era su venida. Respondió que se iba a su casa, y le había escrito el Presidente viniese donde yo estaba, porque le habían dicho que venía robando la tierra a los naturales y aun hecho muy mal tratamiento a los vecinos de Arequipa. Demandado qué era lo que había sabido, que todo era falsedad; diciéndome muy tibiamente que me fuese a ver con el Presidente. Yo le respondí que, si sabía que holgaría de ello, o me lo enviaba a mandar, iría de muy buena gana, pero que por lo que lo dejaba era por no saber si lo ternía a bien, atento que por mi vuelta se recrecerían muchos daños, y el principal era dejar la gente, que podría destruir aquella tierra por allí, y estar ya con ella al último de lo poblado del Perú, y dilatárseme un año de poblar estas partes y después el largo y trabajoso camino que hay hasta los Reyes, de arenales y otros mil inconvenientes que le puse por delante, que ternía por mí le pesaría al Presidente de verme allá, pudiéndose excusar, con no ir, todos estos daños, pero que, no obstante, si había mandado, yo iría. Tornóme a responder tibiamente que no.

Informar asimismo que no sé a qué efecto, dende a tres o cuatro días, una mañana, poniendo delante de la puerta de mi aposento ocho arcabuceros, que no traía en su compañía más, con los arcabuces cargados, entró él en mi cámara y me presentó una provisión de S. M. por la cual me mandaba volviese a dar cuenta de las informaciones que habían dado de mi persona, de los malos tratamientos y desafueros que iba haciendo por la tierra.

Informar asimismo que luego mandé ensillar, y dije que fuésemos, mandando a mis capitanes, que estaban allí con cuarenta de caballo y otros tantos arcabuceros algo alterados, que nadie se revolviese, porque a mí me convenía, como leal vasallo de S. M. volver a su mandado; y así todos se apaciguaron, y dentro de cuatro horas proveí del capitán que fuese con la gente que llevaba a Atacama, hasta mi vuelta, a dejar recaudo en mi casa para que me esperase allí. Venimos a Arequipa en siete días; y supe que en el puerto de ella estaba mi galera; y el galeón había subido arriba a Arica, y la otra nao había arribado a los Reyes. Fuímonos a embarcar por llegar allá más presto y excusar el trabajo de la tierra; y en diez días me presenté ante el Presidente, que me recibió con mucha alegría, y de parte de S. M. me tuvo en muy señalado servicio la vuelta con tanta presteza y obediencia, diciendo que aquella era la señal de la perfecta lealtad, y mas me dijo: que ya estaba informado cómo eran falsedades y mentiras las que me habían levantado, y que le pesaba por el trabajo que había recibido, que bien podía volver a hacer mi jornada cuando quisiese. Estuve allí descansando un mes y negocié otras cosas que me convenían y despidiéndome del Presidente torné a mi jornada con diez o doce gentiles hombres, por tierra, y dejé la galera a un capitán para que la hiciesen aderezar y se viniesen a esta gobernación con los gentiles hombres que a ella quisiesen venir.

Informar asimismo cómo llegué a Arequipa por Pascua de Navidad, y me dio una dolencia de los trabajos y cansancios del camino, que llegué al último de la vida. Fue Dios servido de darme salud en ocho o diez días; y no del todo convalecido, caminé para el puerto de Arica, donde hallé mi galeón y al capitán Jerónimo de Alderete y alguna gente de pie que iba en mi demanda y me esperaba allí, y porque el Presidente me había rogado no me detuviese por aquella tierra y me fuese con la mayor diligencia que pudiese, por razón que la gente que andaba por allí desmandada no hiciesen daños con achaque de decir que venían a irse conmigo, por el peligro que corría la plata que de S. M. estaba en los Charcas y no se podía conducir a los Reyes hasta que yo me partiese. A este efecto llegué a los diez y ocho de enero del año de cuarenta y nueve a aquel puerto, y a los veinte y uno estaba hecho a la vela para dar la vuelta a esta gobernación.

Informar asimismo cómo, por hacer este servicio a S. M., me metí en el galeón dicho San Cristóbal, que hacía agua por tres o cuatro partes, y sin otro refrigerio, vino, ni refresco de cosa del mundo, sino solo con maíz, y hasta cuarenta ovejas en sal, con doscientos hombres, teniendo por delante doscientas y cincuenta leguas de navegación que las habíamos de navegar a la bolina, dando bordos, ganando cada día cuatro o cinco leguas y otros perdiendo al doble, y la navegación muy más mala, atento que corren muy recios sures, y cuanto es de buena yendo de esta gobernación para el Perú, tanto es trabajosa de allá para acá. Fue Dios servido de me dar tan buen viaje, que con embarcándome con la necesidad dicha y estar el navío tan mal acondicionado, en dos meses y medio llegué al puerto de Valparaíso, que fue muy grande la alegría que todos recibieron con mi llegada; y desde a diez días llegó la galera que había dejado en los Reyes.

Informar cómo partí luego para la ciudad de Santiago, y presenté mis provisiones al Cabildo, y cómo me recibió y todo el pueblo por gobernador en nombre de S. M. y se pregonaron en la plaza con todo el regocijo y solemnidad que ser pudo, y cómo me dio cuenta mi teniente general de los trabajos que había pasado en la sustentación de la tierra mientras yo falté, y aunque la hallé en servicio de S. M. hallé fecho muy gran daño en ella por parte de los naturales, porque hallé ser muertos por sus manos y rebelión más de cuarenta cristianos y otros tantos caballos, y todos los vecinos de La Serena, y la ciudad quemada y destruida y los indios de aquellos valles todos rebelados.

Informar cómo envié un capitán a reedificar la dicha ciudad y tornarla a poblar, y se fundó Cabildo, Justicia y Regimiento, e hice repartimiento entre los vecinos y mandé castigar la tierra y conquistarla, y ahora está asentada y sirve. Poblóse a veinte y seis de agosto de cuarenta y nueve.

Informar asimismo cómo luego despaché al teniente Francisco de Villagra con treinta y seis mil castellanos que pude haber entre amigos, que me trajesen de las provincias del Perú algún socorro de gente y caballos, por que ya ternían más ganas de salir del las personas que no tuviesen allá qué hacer para servir acá a S. M., porque yo traje poca gente, atento que la primera vez que partí, como no era repartida la tierra y cada uno pensaba haber parte, no quisieron venir muchos que fuera justo vinieran. La segunda que volví no tenían con qué salir, por estar gastados, por esperar lo que no se les podía dar, ni yo con ellos gastar.

Informar asimismo cómo desde ahí a un mes que fui recibido, llegaron mis capitanes por tierra con hasta cien hombres y otros tantos caballos, habiéndome perdido y quedádoseles muertos otra tanta cantidad.

Informar asimismo cómo el día de Nuestra Señora de Septiembre adelante, salí a hacer reseña de la gente que tenía para mi conquista y andando escaramuzando con la gente de caballo en el campo, cayó el caballo conmigo y me quebró todos los dedos del pie derecho y me hizo saltar los huesos del dedo pulgar. Estuve tres meses en la cama. En esto llegaron fiestas de Navidad, y viendo que se me pasaba el tiempo y si no salía de allí a un mes a la población y conquista de esta ciudad de la Concepción, la había de dilatar hasta otro año, determiné de ponerme en camino, aunque tan trabajado que no me podía tener a caballo, y contra la voluntad de todo el pueblo salí en una silla en indios. Vine así hasta pasar de los límites de Santiago y comienzo de esta tierra de guerra, que ya venía convalecido en alguna manera y podía andar a caballo.

Hacer relación cómo entrando en la tierra de guerra puse en orden la gente que traía, que eran hasta doscientos de pie y caballo. Viniendo en la vanguardia, dejando los que eran menester para la rezaga y en medio todo nuestro bagaje, en buena orden comencé a entrar por la tierra, y yendo algunas veces yo, y otras el capitán Jerónimo de Alderete, y otras mi maestre de campo y otros capitanes, cada día con cuarenta o cincuenta de caballo, corriendo el campo y viendo la disposición donde habíamos de asentar a la noche.

Informar asimismo cómo me aparté de la costa hasta quince o diez y seis leguas, y pasé un río que va tan ancho como dos tiros de arcabuz, y muy llano y sesgo, que da a los caballos a los estribos. Aquí, viniendo mi maestre de campo delante, desbarató más de dos mil indios, y les tomó ganado y dos o tres caciques.

Informar asimismo cómo no tengo descuido ninguno en lo que toca hacer requerimiento a los indios, conforme a los mandamientos de S. M. y haciéndoles siempre mensajeros, como en las reales instrucciones me manda, y requiriendo antes que pelee con ellos, y todo lo que demás conviene acerca de este caso hacerse.

Informar cómo, pasado este río, llegué a otro muy mayor que se dice Buybíu, muy cenagoso, ancho y hondo, que no se puede pasar a caballo; y como allí nos salieron gran cantidad de indios, y fiándose en la multitud, pasaron a nosotros a cerca de la orilla, les dimos una mano: matamos hasta diez o doce, que no se pudo más porque se echaron al agua.

Informar asimismo cómo subí otro día río arriba, y parecieron gran multitud de indios por donde íbamos, y dio el capitán Alderete en ellos con veinte de caballo, y échanse al río y él con los caballos tras ellos; y que como vi esto, porque hiciesen espaldas contra mucha cantidad de indios que parecía del otro cabo, hice pasar otros treinta de a caballo. Pelearon muy bien con los indios y mataron muchos de ellos y vuélvense a la tarde con más de mil cabezas de ganado de ovejas con que se regocijó el campo.

Informar cómo caminé otras tres leguas el río arriba y asenté, y allí vinieron tercera vez mucha cantidad de indios que los pasados a me defender el paso, y que por allí, aunque daba encima los bastos a los caballos, pasé yo a ellos, porque era pedregal menudo, con cincuenta de caballo, y diles una muy buena mano. Quedaron tendidos hartos por aquellos llanos. Fui matando más de una legua; di la vuelta a mi real.

Informar que otro día torné a pasar el río con cincuenta de a caballo, dejando el campo de esta otra banda, y corrí dos días hacia la mar en el paraje de Arauco, donde topé tanta poblazón que era grima; y di luego la vuelta, porque no me pareció estar más de una noche fuera de mi campo, porque no recibiese daño con mi ausencia.

Informar cómo estuve allí corriendo la tierra ocho días, a un cabo y a otro, llamando todos los caciques de paz y tomando ganado para sustentarnos donde hubiésemos de asentar el pueblo.

Informar cómo torné a dar la vuelta y torné a pasar el río de Nibequetén, y fuime al de Buybíu abajo, que allí se juntan ambos, cinco leguas de la mar, hasta que llegué a ella. Asenté media legua del río de Buybíu en un valle, cabe unas lagunas de agua dulce, para buscar de allí la mejor comarca donde asentar, no descuidándome en la vela y guardia que nos convenía, porque velábamos los medios una noche y los otros otra. La segunda noche vinieron, pasado la media de ella, sobre nosotros tres escuadrones de indios, que pasaban de veinte mil, con un tan grande alarido y ímpetu, que parecía hundirse la tierra, y comenzaron a pelear con nosotros tan reciamente que ha treinta años que peleo con diversas naciones y gente y nunca tal tesón he visto en el pelear como éstos tuvieron contra nosotros. Estuvieron tan fuertes, que en espacio de tres horas no pude romper un escuadrón con ciento de a caballo. Era tanta la flechería y astería de lanzas, que no podían los cristianos hacer arrostrar sus caballos contra los indios. Y de esta manera estábamos peleando todo el dicho tiempo, hasta que vi que los caballos no podían meterse entre los indios. Arremetí a ellos con la gente de pie, y como fui dentro en su escuadrón y sintieron las espadas, desbaratáronse y dan a huir. Hiriéronme sesenta caballos y más, y otros tantos cristianos, y no murió más de un cristiano, y no a manos de indios, sino de un soldado que, disparando a tino un arcabuz, le acertó. Lo que quedó de la noche y otro día atendieron a curarse y yo fui a ver la comarca para asentar, que fue en la parte donde los años pasados, cuando vine a descubrir, había mirado.

Informar cómo a los veintitrés de febrero pasé allí el campo e hice un fuerte, cercado de muy gruesos árboles, espesos, entretejídolos como seto, y haciendo un ancho y hondo foso a la redonda, a la lengua del agua y costa de la mar, en un puerto y bahía el mejor que hay en estas Indias. Tiene en un cabo un buen río que entra allí en la mar, de infinito número de pescado, de céfalos, lampreas, lenguados, merluzas y otros mil géneros de ellos, en extremo buenos, y de la otra parte pasa otro riachuelo de muy clara y linda agua, que corre todo el año. Aquí me puse por ser muy buen sitio y por aprovecharme de la mar para me socorrer de la galera y un galeontete que traía de armada el piloto capitán Joan Batista de Pastene, al cual había dado orden me viniese a buscar en el paraje de Buybíu, y corriese a la costa hasta me hallar.

Informar asimismo cómo a veinte y tres de febrero comencé a hacer el fuerte y se acabó en ocho días, y fue tal y tan bueno, que se puede defender de franceses, el cual se hizo a fuerza de brazos. Hízose por dar algún descanso a los conquistadores en la vela y por guardar nuestro bagaje, heridos y enfermos y para poder salir a pelear cuando quisiésemos y no cuando los indios nos incitasen a ello.

Informar cómo a tres de marzo del año de quinientos y cincuenta entramos en el fuerte y repartí las estancias. A todos ordené las velas y guardias, de tal manera, que podíamos descansar algunas noches, cayéndonos la vela de tres en tres días. Estando ocupados en hacer nuestras casillas para nos meter y pasar el invierno, que comienza por abril, me vino nueva cómo toda la tierra se juntaba para venir sobre nosotros, y estos toros cada día los esperábamos, viendo que por nuestra ocupación no habíamos podido salir a buscarlos a sus casas.

Informar asimismo cómo un día, a hora de vísperas, se presentaron sobre nuestro fuerte en unos cerros cuatro escuadrones, que habría cuarenta mil indios, viniendo a dar socorro otros tantos y más. Salí a las puertas; y como vi que no se podían favorecer el un escuadrón al otro, envié al capitán Jerónimo de Alderete con cincuenta de caballo, que venía un tiro de arcabuz de la una puerta. Ellos, con determinación de ponernos cerco, marcharon para el fuerte. Acomételos de tal manera, que luego dieron lado, y viendo los otros escuadrones esto, dan a huir. Secutóse la victoria; matarse hían hasta dos mil indios; hiriéndose otros muchos. Prendiéronse trescientos o cuatrocientos, a los cuales hice cortar las manos derechas y narices, dándoles a entender que se hacía porque les había avisado viniesen de paz y me dijeron que sí harían, y viniéronme de guerra, y que, si no servían, que así los había de tratar a todos; y porque estaban entre ellos algunos caciques principales, dije a lo que veníamos para que supiesen y dijesen a sus vecinos, y así los licencié.

Informar cómo luego hice recoger toda la comida de la comarca y meterla dentro en el fuerte.

Informar asimismo de la buena tierra que es ésta, de buen temple, fructífera y abundosa y de sementeras y de mucha madera y todo lo demás que es menester y se requiere para ser poblada y perpetuada de nosotros, y con razón, porque parece tenerla nuestro Dios de su mano y servirse de nosotros en la conquista y perpetuación de ella, pues dicen los indios naturales que el día que llegaron a vista de este fuerte cayó entre ellos un hombre viejo, vestido de blanco en un caballo blanco y que les dijo: «Huid todos, que os matarán estos cristianos» y así huyeron; y tres días antes, al pasar del río grande para acá, dijeron haber caído del cielo una señora muy hermosa en medio de ellos, también vestida de blanco, y que les dijo: «No vais a pelear con esos cristianos, que son valientes y os matarán»; e ida de allí tan buena visión, vino el diablo su patrón y les dijo que se juntasen muchos y viniesen a nosotros, que, en viendo tantos, nos caeríamos muertos de miedo, y que también él vernía; y con esto llegaron a vista de nuestro fuerte. Llaman a nuestros caballos hueques, y a nosotros ingas, que quiere decir ovejas de inga. Hasta hoy no han hecho más juntas para contra nosotros.

Informar asimismo cómo, desde a ocho o diez días, llegó a este puerto con la galera y navío el capitán y piloto Juan Batista de Pastene. Luego le despaché a que corriese la costa de Arauco y trajese los navíos cargados de comida, e hice pasar el río grande al capitán Jerónimo de Alderete con cincuenta de caballo, y se pasó muy bien, y que fuesen a correr a Arauco y hacer espaldas a la armada, y así se hizo. Vieron la más linda tierra del mundo todo, sana y apacible y sitio para poblar una ciudad mayor que Sevilla.

Informar cómo topó una isla de hasta mil indios de poblazón, y los trajeron de paz y le sirvieron. Cargaron los navíos de maíz.

Informar asimismo cómo, desde a tres meses, torné a enviar al dicho capitán y piloto por más comida y a que dijese a los indios de la tierra, enviándoles mensajeros de los que tomase, que viniesen a servir, si no, que los enviaríamos a matar; y navegó veinte leguas más adelante de la primera isla, donde halló otra isla de más poblazón; y cargando los navíos de maíz, dio la vuelta; y cómo llegó un mes ha.

Informar asimismo cómo, desde a ocho o diez días, tornó a enviar el armada por más comida y a que diese una mano en la tierra firme y matasen algunos indios, de noche, porque los constriñesen a tener algún temor para que, pasando allá, vengan más presto de paz.

Informar asimismo cómo en este tiempo que iba o venía el armada, conquisté yo toda esta tierra y términos que han de servir a la ciudad que aquí poblare, y cómo todos los caciques han venido de paz y sirven. He poblado y poblé la ciudad en este fuerte, y he formado cabildo, justicia y regimiento y repartido solares y los caciques entre vecinos que han de quedar a su sustentación, y cómo la intitulé la ciudad de la Concepción, y fundéla a los cinco de octubre de este presente año de quinientos y cincuenta.

Informar y dar relación a S. M. y a los señores de su Real Consejo de Indias, cómo desde los trece de diciembre del año de quinientos y cuarenta y siete que partí del puerto de Valparaíso hasta que volví a él por mayo de quinientos y cuarenta y nueve, que fueron diez y siete meses, gasté en servicio de S. M. en oro y plata, ciento y ochenta y seis mil y quinientos castellanos, y gastara un millón, si tuviera, siendo menester, como lo fue gastar aquéllos.

Informar asimismo cómo, después que emprendí esta jornada hasta el día de hoy, para su sustentación y perpetuación, no poniendo aquí el gasto que he fecho con mi persona, casa y criados, he gastado doscientos y noventa y siete mil castellanos en caballos, armas, ropas, herraje que he repartido a conquistadores para la sustentación de la tierra, y que no tengo acción a demandar un solo peso de oro, ni más a ninguno de ellos, ni escritura, y que, como esté libre o algo más desocupado de los trabajos de la guerra, enviaré probanza por donde conste claro.

Ítem, informar asimismo cómo me he aventurado a gastar y gastaré que ahora comienzo de nuevo, por poblar tan buena tierra a S. M. y que esta ha sido, es y será muy trabajosa y costosa a los conquistadores y a mí, porque no se ha hallado oro sobre la tierra, como en el Perú; pero que, poblada, conquistada y asentada, como yo espero en Dios de lo concluir cuando Él fuere servido, será muy más abundosa de todo lo que venimos a buscar a estas partes, fertilísimas y de contento, así a los conquistadores como a todas las personas que en ellas estuvieren; y que mi principal intento es servir a Dios Nuestro Señor y a S. M. en poblar y perpetuar tan buena cosa.

Informar a S. M. cómo, a no haber sucedido las cosas en el Perú de tan mala disistión después que Vaca de Castro vino a las gobernar, que según la diligencia que he tenido y maña que me he dado en hacer la guerra a los indios y en enviar por socorro, y lo que ha gastado y perdídoseme por este efecto, hubiera descubierto, conquistado y poblado hasta el Estrecho de Magallanes y Mar del Norte, y hubiera ya en esta tierra dos mil hombres más de los que hay para lo poder haber efectuado.

Certificar a S. M. e informar que el fruto que de los trabajos que aquí significo que he pasado, servicios y gastos que he hecho, el bien que ha surtido es no más de la pacificación y sosiego de las provincias del Perú de la rebelión de Gonzalo Pizarro y el haber poblado en éstas las ciudades de Santiago, La Serena y esta de la Concepción y tener quinientos hombres en esta gobernación.

Informar asimismo cómo, de aquí a tres meses, con ayuda de Dios, con los trescientos hombres de éstos y los mejores caballos y yeguas, dejando los demás para la conservación de las ciudades, me meteré en la grosedad de la tierra, veinte y cinco leguas de aquí o treinta a poblar otra ciudad.

Informar asimismo del tratamiento que hasta el día de hoy he fecho y hago a los naturales, que es conforme a los mandamientos de S. M.; y que de esto tengo en extremo muy gran cuidado y vigilancia, porque se sirviese de ello S. M., y ser la principal cosa que conviene que haga cualquier buen gobernador en descargo de la cesárea conciencia, y que esto doy a Dios por testigo, y la fama que correrá y testimonio que darán las personas que ahora van y que, andando el tiempo, fueren de estas provincias, y lo que vuestras mercedes, señores, dirán, como tan buenos testigos y fidedignos.

Ítem, después de informado de todas las cosas aquí contenidas en esta relación y de las demás que a vuestras mercedes les pareciere converná decir en respuesta de lo que les fuere preguntado de parte de S. M. y de los señores de su Real Consejo de Indias, de mi parte suplicarán muy humildemente lo que se contiene en los capítulos que aquí adelante se siguen, los cuales yo escribo en mi carta y relación que vuestras mercedes llevan, y van aquí puestos al pie de la letra para que estén advertidos de ellos, porque platicando sobre ellos y demandando S. M. y los señores de su Consejo de Indias, vean lo que se pide y lo que han de responder.

Como en las provisiones que me dio y merced que me hizo por virtud del poder que de S. M. trajo el señor Presidente de La Gasca, me señaló de límites de gobernación hasta cuarenta y un grados de Norte sur, costa adelante, y cien leguas de ancho oeste leste; y porque de allí al Estrecho de Magallanes es la tierra que puede haber poblada poca, y la persona a quien se diese, antes estorbaría que serviría, y yo la voy toda poblando y repartiendo a los vasallos de S. M. y conquistadores, aquella muy humildemente, suplico sea servido de mandarme confirmar lo dado y de nuevo hacerme merced de me alargar los límites de ella, que sean hasta el Estrecho dicho, la costa en la mano, y la tierra adentro hasta la Mar del Norte. Y la razón porque lo pido es porque tenemos noticia que la costa del Río de la Plata, desde cuarenta grados hasta la boca del Estrecho, es despoblada y temo va ensangostando mucho la tierra, porque cuando envié al piloto Juan Batista de Pastene, mi teniente general en la mar, al descubrimiento de la costa hacia el Estrecho, rigiéndose por las cartas de marear que de España tenía empremidas, hallándose en cuarenta y un grados, estuvo un punto de se perder; por do se ve que las cartas que se hacen en España están erradas en cuanto al Estrecho de Magallanes, andando en su demanda, en gran cantidad; y porque no se ha sabido la médula cierta, no envío relación de ello hasta que se haga correr toda, porque se corrija en esto el error de las dichas cartas y para que los navíos que a estas partes vinieren enderezados no vengan en peligro de perderse. Y este error no consiste, como estoy informado, en los grados de norte sur, que es la demanda del dicho Estrecho, sino del este y oeste. Y no pido esta merced al fin que otras personas de abarcar mucha tierra, pues para la mía siete pies abastan, y la que a mis sucesores hubiere de quedar para que en ello dure mi memoria, será la parte que S. M. se servirá de me hacer merced por mis pequeños servicios, que por pequeña que sea, la estimaré en lo que debo, que solo por el efecto que la pido es para más servir y trabajar, y como la vea y tenga cierta relación, la enviaré a S. M. para que si fuere servido partirla o darla en dos o más gobernaciones, se haga.

Asimismo suplico a S. M. sea servido de me mandar confirmar la dicha gobernación, como la tengo, por mi vida, y hacerme merced de nuevo de ella por vida de dos herederos, sucesivo, o de las personas que yo señalare, para que después de mis días la hayan y tengan como yo.

Asimismo suplico a S. M. sea servido de me mandar confirmar y hacer de nuevo merced del oficio del alguacil mayor de la dicha gobernación, perpetuo, para mí y mis herederos.

Asimismo suplico a S. M. sea servido de me hacer merced de las escribanías públicas y del cabildo de las ciudades, villas y lugares que yo poblare en esta gobernación y si S. M. tiene hecha alguna merced de ellas, a aquella suplico la mía siga, expirando la primera.

Asimismo, si mis servicios fueren aceptos a S. M. en todo o en parte; pues la voluntad con que yo he hecho los de hasta aquí y deseo hacer en lo porvenir, es del más humilde y leal criado, súbdito y vasallo de su cesárea persona que se puede hallar, a aquella muy humildemente suplico, en remuneración de ellos, sea servido de me hacer merced de la ochava parte de la tierra que tengo conquistada y poblada y descubierta, descubriere y conquistare y poblare andando el tiempo, perpetua, para mí y para mis descendientes, y que la pueda tomar en la parte que me pareciere, con el título que S. M. fuere servido de me hacer con ella.

Asimismo suplico a S. M. por confirmación de la merced de que pueda nombrar tres regidores perpetuos en cada uno de los pueblos que poblare en nombre de S. M. en esta gobernación, y de nuevo me hagan merced de que los tales regidores por mí nombrados no tengan necesidad de ir por la confirmación al Consejo Real de Indias, a causa del gasto que de ellas podía recrecer con el enviar, y daño que podían recibir en el ir, por largo y trabajoso viaje.

Asimismo suplico a S. M. atento los grandes gastos que en lo porvenir se me han de recrecer, porque no tengo hasta el día de hoy diez mil pesos de provecho, y son más de cien mil, por los menos, los que gastaré cada un año para me prevenir en algo para ellos, sea servido de me hacer merced y dar licencia para que pueda meter en esta gobernación hasta número de dos mil negros, de España o de la isla de Cabo Verde o de otras partes, libres de todos derechos reales, y que nadie pueda meter de dos esclavos arriba en esta dicha gobernación sin mi licencia, hasta en tanto que tenga cumplida la suma dicha.

Asimismo suplico a S. M. que, atentos los gastos tan excesivos que he hecho después que emprendí esta jornada, por el descubrimiento y conquista y población, sustentación y perpetuación de estas provincias, y los que se me recrecieron cuando fui a servir contra la rebelión de Gonzalo Pizarro, como parece por los capítulos de la carta que a S. M. escribo, sea servido de me mandar hacer merced y suelta de las escrituras mías que están en las Cajas Reales de la ciudad de los Reyes y de las de Santiago, que son de la cantidad siguiente: una de cincuenta mil pesos que yo tomé en oro de la Caja de S. M. de la ciudad de Santiago, cuando fui a servir al Perú, como es dicho, y otra escritura que hice a los Oficiales de la ciudad de los Reyes, del galeón y galera que me vendieron de S. M. y comida que me dieron en el puerto de Arica para proveer la gente que traje a estas partes, de cantidad de treinta mil pesos, y más de treinta y ocho mil pesos que debo por otras escrituras a un Calderón de la Barca, criado que fue de Vaca de Castro, los cuales debo de resto de sesenta mil pesos que tomé de la hacienda que se trajo acá del dicho Vaca de Castro, en el navío del piloto y capitán Juan Batista de Pastene, para remedio de la gente que en esta tierra estaba sirviendo a S. M., como está dicho que por haber sido del Vaca de Castro es ya de S. M., que montan estas tres partidas dichas ciento y diez y ocho mil pesos de oro: de estos suplico a S. M. como tengo suplicado, me haga merced y suelta.

Asimismo suplico a S. M. sea servido de me hacer otra nueva merced de mandar sea socorrido con otros cien mil pesos de la Caja de S. M. para ayudarme en parte a los grandes gastos que de cada día se me ofrecen, porque mi teniente Francisco de Villagra aún no es vuelto con el socorro por que le envié, y ya despacho otro capitán que parte con los mensajeros que llevan esta carta, con más cantidad de dinero al Perú a que me haga más gente; y como el teniente llegue, irá otro, y así ha de ser hasta en tanto que se efectúe mi buen deseo en el servicio de S. M.

Asimismo suplico a S. M. que por cuanto esta tierra es poderosa de gente y belicosa y la población de ella es, a la costa, y, para la guardia de sus reales vasallos sea servido de me dar licencia que pueda fundar tres o cuatro fortalezas en las partes que a mí me pareciere convenir desde aquí al Estrecho de Magallanes, y señalar a cada una de ellas para las edificar y sustentar el número de naturales que me pareciere, y darles tierras convenientes como a los conquistadores para su sustentación, las cuales dichas fortalezas S. M. sea servido de me las dar en tenencia para mí y mis herederos con salario en cada un año, cada fortaleza, de un cuento de maravedís.

Asimismo suplico a S. M. sea servido, atento que la tierra es tan costosa y lejos de nuestra España, de me hacer merced y señalar diez mil pesos de salario y ayuda de costa en cada un año.

Asimismo se escribe a S. M. suplicándole haga merced a esta tierra y sus vasallos de mandar nombrar por obispo al padre bachiller Rodrigo González; y el señor Alonso de Aguilera atenderéis a solicitar esto, que si no es por mandárselo S. M. no aceptará el obispado, atento que no es nada presuntuoso de dignidades, y en esto diréis lo que sabéis de su integridad y de lo que todos le amamos acá, por sus letras, predicación y buena vida. Y de esta ciudad de la Concepción a quince de octubre de quinientos cincuenta años.

Pedro de Valdivia.

Por mandado de S. S. el señor Gobernador.

Joan DE CÁRDENAS.

Al emperador Carlos V. Concepción, 15 de octubre de 1550

S. C. C. M.

Después de haber servido a V. M., como era obligado, en Italia en el adquirir el estado de Milán y prisión del Rey de Francia, en tiempo del Próspero Colona y del Marqués de Pescara, vine a estas partes de Indias año de quinientos treinta y cinco. Habiendo trabajado en el descubrimiento y conquista de Venezuela, en prosecución de mi deseo, pasé al Perú, año de quinientos treinta y seis, do serví en la pacificación de aquellas provincias a V. M., con provisión de maestre de campo general del Marqués Pizarro, de buena memoria, hasta que quedaron pacíficas, así de la alteración de los cristianos como de la rebelión de los indios. El Marqués, como tan celoso del servicio de V. M., conociendo mi buena inclinación en él, me dio puerta para ello, y con una cédula y merced que de V. M. tenía, dada en Monzón, año de quinientos treinta y siete, refrendada del secretario Francisco de los Cobos, del Consejo Secreto de V. M., para enviar a conquistar y poblar la gobernación del Nuevo Toledo, y provincia de Chili, por haber sido desamparada de don Diego de Almagro que a ella vino a este efecto, nombrándome a que la cumpliese y tuviese en gobierno y las demás que descubriese, conquistase y poblase, hasta que fuese la voluntad de V. M. Obedecí, volviendo el ánimo, por trabajar en perpetuarle una tierra como ésta, aunque era jornada tan mal infamada, por haber dado la vuelta de ella Almagro, desamparándola con tanta y tan buena gente como trajo. Y dejé en el Perú tan bien de comer como lo tenía el Marqués, que era el valle de la Canela en los Charcas, que se dio a tres conquistadores, que fueron Diego Centeno, Lope de Mendoza y Bobadilla, y una mina de plata, que ha valido después acá más de doscientos mil castellanos, sin haber un solo interese por ello, ni el Marqués me lo dio para ayuda a la jornada.

Tomado mi despacho del Marqués, partí del Cuzco por el mes de enero de quinientos cuarenta, caminé hasta el valle de Copiapó, que es el principio de esta tierra, pasado el gran despoblado de Atacama, y cien leguas más adelante hasta el valle que se dice de Chili, donde llegó Almagro y dio la vuelta por la cual quedó tan mal infamada esta tierra. Y a esta causa, y porque se olvidase este apellido, nombré a la que él había descubierto y a la que yo podía descubrir hasta el Estrecho de Magallanes, la Nueva

Extremadura. Pasé diez leguas adelante, y poblé en un valle que se llama Mapocho, doce leguas de la mar, la ciudad de Santiago del Nuevo Extremo, a los veinticuatro de febrero de quinientos cuarenta y uno, formando cabildo y poniendo justicia.

Desde aquel año hasta el día de hoy he procurado y puesto en efecto de dar a V. M. entera relación y cuenta de la población y conquista de aquesta ciudad y del descubrimiento de la tierra de adelante y de su prosperidad, y de los grandes trabajos que he pasado y gastos tan crecidos que he hecho y se me ofrecen de cada día por salir con tan buen propósito adelante. He escrito las veces, con los mensajeros que aquí diré, y en qué tiempos por advertir que lo que a mí ha sido posible, he hecho, con aquella fidelidad, diligencia y vasallaje que debo a V. M.; y la falta de no haber llegado mis cartas y relaciones ante su cesáreo acatamiento, no ha sido a mi culpa, sino de algunos de los mensajeros, por haber sido maliciosos y pasar por tierra tan libre, próspera y desasosegada como ha sido el Perú, y a otros tomar los indios, en el largo viaje, los despachos, y a los demás la muerte.

Estando poblado, traje a los naturales, por la guerra y conquista que les hice, de paz; y en tanto que les duraba el propósito de nos servir, porque luego procuran cometer traiciones para se rebelar, que esto es muy natural en todos estos bárbaros, atendí a que se hiciese la iglesia y casas, y a la buena guardia de todo lo que convenía. Para enviar por socorro y dar a V. M. cuenta, di orden de hacer un bergantín, y el trabajo que costó Dios lo sabe; hecho, me le quemaron los indios y mataron ocho españoles de doce que estaban de guardia de él, por exceder de la orden que les dejé. Y a un punto se me levantó y rebeló la tierra, que fue todo en término de seis meses, y comenzáronme a hacer muy cruda guerra. Viendo la imposibilidad de poder hacer otro, despaché por tierra, con harto trabajo y riesgo de los que fueron y quedábamos, al capitán Alonso de Monroy, mi teniente, con cinco soldados de caballo, que no pude ni se sufría darle más. Partióse de mí por el mes de enero del año de quinientos cuarenta y dos; llegado al valle de Copiapó, le mataron los indios los cuatro compañeros y prendieron a él y al otro y tomáronles hasta ocho o diez mil pesos que llevaban, y rompiéronles los despachos. Dende a tres meses, mataron al cacique principal, y se huyeron al Perú en sendos caballos de los que les habían tomado los indios, que por ser la puerta del despoblado se pudieron salvar, mediante la voluntad de Dios con su buena diligencia. Llegaron a la ciudad del Cuzco, al tiempo que Vaca de Castro gobernaba, y en la coyuntura que había desbaratado a los que seguían al hijo de Almagro y preso a él.

Allí trató con Vaca de Castro que le diese licencia de sacar gente para esta tierra; hizo sesenta de caballo, y con ellos dio la vuelta a donde yo estaba; tardó dos años justos en su viaje. Halló hasta doce mil pesos de ropa y caballos para traerme esta gente y darles socorro, y un navío en que metió los cuatro mil de ellos; pagué acá a las personas que se los prestaron, ochenta y tantos mil castellanos.

Por enero de quinientos cuarenta y cuatro fue de vuelta en la ciudad de Santiago el capitán Alonso de Monroy con los sesenta de caballo; y el navío que envió del Perú echó ancla en el puerto de esta ciudad, que se dice de Valparaíso, cuatro meses antes. En lo que entendí en el comedio de estos dos años fue en trabajos de la guerra y en apretar a los naturales y no dejarlos descansar con ella, y en lo que convenía a nuestra sustentación y guardia de sementeras; porque como éramos pocos y ellos muchos, teníamos bien que hacer; y en esto me halló ocupado.

En descansando un mes la gente y regocijándonos todos con su buena venida, apreté tan recio a los naturales con la guerra, no dejándolos vivir ni dormir seguros, que les fue forzado venir de paz a nos servir, como lo han hecho después acá.

Andando ocupado en esto, el julio adelante del año dicho de quinientos cuarenta y cuatro, llegó al dicho puerto de Valparaíso el capitán Juan Bautista de Pastene, genovés, piloto general en esta Mar del Sur por los señores de la Real Audiencia de Panamá, con un navío suyo, que por servir a V. M. y por contemplación del Gobernador Vaca de Castro, le cargó de mercadería él y un criado suyo para el socorro de esta tierra, en que traería quince mil pesos de empleo. Compré de esta hacienda otros ochenta y tantos mil castellanos, que repartí entre toda la gente que tenía, para la sustentación de ella.

El mes de septiembre adelante del mismo año de quinientos cuarenta y cuatro, sabiendo la voluntad con que el capitán y piloto Juan Bautista de Pastene había venido y se me ofrecía a servir a V. M. y a mí en su cesáreo nombre, y la autoridad que tenía de piloto y su prudencia y experiencia de la navegación de esta mar y descubrimiento de tierras nuevas y todas las demás partes que se requerían para lo que convenía al servicio de V. M. y al bien de todos sus vasallos y de esta tierra, le hice mi teniente general en la mar, enviándole luego a que me descubriese ciento y cincuenta o doscientas leguas de costa, hacia el Estrecho de Magallanes, y me trajese lenguas de toda ella. Y así lo puso por obra; y en todo el dicho mes fue y vino, con el recaudo que de parte de V. M. le encargué.

Oída la relación que el capitán y los que con él fueron me daban de la navegación que hicieron y posesión que se tomó, y prosperidad de la tierra, abundancia de gente y ganado y la que las lenguas que trajo me dieron, trabajé de echar a las minas las anaconcillas e indias de nuestro servicio que trajimos del Perú, que por ayudarnos lo hacían de buena gana, que no fue pequeño trabajo, que serían hasta quinientas pecezuelas; y con nuestros caballos les acarreábamos la comida desde la ciudad, que está doce leguas de ellas, partiendo por medio con ellas la que teníamos para la sustentación de nuestros hijos y nuestra, que la habíamos sembrado y cogido con nuestras propias manos y trabajo. Todo esto se hacía para poder tornar a enviar mensajeros a V. M. a dar cuenta y razón de mí y de la tierra, y al Perú a que me trajesen más socorro para entrar a poblarla; porque, no llevando oro, era imposible traer un hombre, y aun con ello no se trabajaría poco cuando se sacasen algunos, según la exención y largura que han tenido los españoles en aquellas provincias y fama que había cobrado esta tierra.

Anduvieron en las minas nueve meses de demora; sacáronse hasta sesenta mil castellanos, o poco más; acordé de despachar a los capitanes Alonso de Monroy y Juan Bautista de Pastene con su navío, para que el uno por tierra y el otro por mar, trabajasen de me traer socorro de gente, caballos y armas. Y en este navío envié a un Antonio de Ulloa, natural de Cáceres, por ser tenido por caballero e hijodalgo, por mensajero, con los despachos para V. M. En ellos daba relación de lo que hasta allí había de qué darla, de mí y de la conquista, población y descubrimiento de la tierra. Entre los tres y otros dos mercaderes que también fueron a traer cosas necesarias, se distribuyó el oro que se había sacado para que el Ulloa tuviese con qué ir a V. M., y los capitanes y los mercaderes algún resollo para traer el socorro que pudiesen.

En lo que entendí con la gente que tenía, en tanto que parte de ella atendía al sacar del oro y guardia de nuestras piezas, fue en poblar la ciudad de La Serena, a la costa de la mar, en un muy buen puerto, en el valle que se dice de Coquimbo, por ser en la mitad del camino que hay del valle de Copoyapo a donde está poblada la de Santiago, que es la puerta para que pudiese venir la gente del Perú a servir a V. M. a estas provincias, sin riesgo. Y fui a ella y fundáse el Cabildo y Justicia, y puse un teniente; y de allí, a los cuatro de septiembre de quinientos cuarenta y cinco años, despaché a los mensajeros y nao dicha, con quedar confiado que, al más tardar, ternía respuesta de Alonso de Monroy dentro de siete o ocho meses. Y para esto llevó indios de esta tierra, que se ofrecían a venir del Perú a donde yo estuviese, con cartas, en cuatro meses y en menos.

Hecho el navío a la vela de la ciudad de La Serena, dejando buena guardia en ella, di la vuelta a la de Santiago. El enero adelante de quinientos y cuarenta y seis di orden en que se tornase a sacar algún oro, como en la demora pasada, porque ya aquel año se cogió más número de trigo que los pasados. Y porque me pareció no podía tardar el socorro, determiné entrar descubriendo cincuenta leguas la tierra adentro, por ver dónde podía poblar otra ciudad, venidos que fuesen los capitanes que había enviado con gente. Apercibí sesenta de caballo, bien armados y a la ligera, y puse por obra mi descubrimiento, dejando recaudo para que se sacase oro en tanto que iba y volvía con el ayuda de Dios, teniendo para mí estaba más lejos el principio de la tierra poblada, de donde la hallé.

A once de febrero del dicho año, partí y caminé hasta treinta leguas, que era la tierra que nos servía y habíamos corrido; pasadas diez leguas adelante, topamos mucha poblazón, y a las diez y seis, gente de guerra que nos salían a defender los caminos y pelear, y nosotros corríamos la tierra, y los indios que tomaban los enviaba por mensajeros a los caciques comarcanos, requiriéndolos con la paz. Y un día por la mañana salieron hasta trescientos indios a pelear con nosotros, diciendo que ya les habían dicho lo que queríamos, y que éramos pocos y nos querían matar; dimos en ellos y matamos hasta cincuenta, y los demás huyeron.

Aquella misma noche, al cuarto de la prima, dieron sobre nosotros otros siete o ocho mil indios, y peleamos con ellos más de dos horas, y se nos defendían bravamente, cerrados en un escuadrón, como tudescos: al fin dieron lado, y matamos muchos de ellos y al capitán que los guiaba. Matáronnos dos caballos e hirieron cinco o seis y a otros tantos cristianos. Huidos los indios, entendimos lo que quedaba de la noche en curar a nuestros caballos y a nosotros; y otro día anduve cuatro leguas y di en un río muy grande, donde entra en la mar, que se llama Buybíu, que tiene media legua de ancho. Y visto buen sitio donde podía poblar y la gran cantidad de los indios que había, y que no me podía sustentar entre ellos con tan poca gente; y supe que toda la tierra, de esta parte y de aquella del río, venía sobre mí, y, a sucederme algún revés, dejaba en aventura de perderse todo lo de atrás, di la vuelta a Santiago dentro de cuarenta días que salí de él, con muy gran regocijo de los que vinieron conmigo y quedaron a la guarda de la ciudad, viendo y sabiendo teníamos tan buena tierra cerca y tan poblada, donde les podía pagar sus trabajos en remuneración de sus servicios.

Con mi vuelta, aseguramos los indios que servían a la ciudad de Santiago y los de los valles que servían en La Serena, que estaban algo alterados con mi ida adelante, y tenían por cierto, según eran muchos los indios y nosotros pocos, nos habían de matar a todos; y con esto estaban a la mira y en espera, para, en sabiendo algo, dar sobre los pueblos y tornarse a alzar: quiso Dios volver sus pensamientos al revés. Luego envié a La Serena a que supiesen de mi vuelta, con la nueva de la buena tierra que había hallado, de que no se holgaron poco. El mayo adelante hice sembrar gran cantidad de trigo, teniendo por cierto no podía tardar gente, porque tuviésemos todos en cantidad qué comer; y así hicimos, con el ayuda de Dios, gran cantidad de sementeras.

Había siete meses que partieron mis capitanes al Perú, y no tenía nueva cierta ni carta de ellos; y un barco que había hecho hacer para pescar en el puerto con redes, le hice aderezar de manera que pudiesen ir al Perú siete o ocho hombres cuando conviniese.

Yo repartí esta tierra, como poblé la ciudad de Santiago, sin tener noticia verdadera, porque así convino para aplacar los ánimos de los conquistadores, y dismembré los caciques por dar a cada uno quien le sirviese; y como después anduve conquistando la tierra trayéndola de paz, tuve la relación verdadera y vi la poca gente que había y que estaban repartidos en sesenta y tantos vecinos los pocos indios que había; y, a no poner este remedio, estuvieran ya disipados y muertos los más, acordé para la perpetuación de los naturales y para la sustentación de esta ciudad, porque es la puerta para la tierra de adelante y donde se rehace la gente que ha venido y la que viniere a poblarla y conquistarla, de reducir los sesenta y tantos vecinos en la mitad, y entre éstos repartir todos los indios, porque tuviesen alguna más posibilidad para acoger en su casa a los que viniesen a nos ayudar. Hícelo esto por la buena tierra que había descubierto y que podía dar muy bien de comer a los vecinos que quité los pocos indios que tenían para repartirlos en los que quedaron, certificando a V. M. no se podía hacer cosa más acertada ni más provechosa para que la tierra se perpetúe y sustente a V. M. y los naturales no se disipen.

Era por agosto pasados once meses y no sabía nada del Perú. Con el oro que habían sacado unos indezuelos míos y lo que los vecinos por su parte tenían, que todos me lo prestaron, parte de buena gana, despaché otro mensajero a V. M., que se llamaba Juan Dávalos, natural de las Garrubillas, con los despachos duplicados que había llevado el Antonio de Ulloa y con lo que había de nuevo que decir de la jornada que había hecho y tierra que había hallado; y para que diese socorro a alguno de mis capitanes si los topase de camino con alguna necesidad.

Partió este barco, como digo, llevando los que en él iban, míos y de particulares, casi sesenta mil pesos, que, a ir a otra parte que al Perú, era gran cosa; pero como aquella tierra ha sido y es tan próspera y rica de plata, estimarían en poco aquella cantidad, y acá teníamosla en mucho por costarnos cada peso cien gotas de sangre y doscientas de sudor. Hiciéronse a la vela del puerto de Valparaíso por el mes de septiembre del año dicho de quinientos cuarenta y seis.

Como esperaba de cada día socorro, mi cuidado y diligencia era en hacer sembrar maíz y trigo en sus tiempos, y en sacar el oro que con la poca posibilidad que había se podía, para enviar siempre por gente, caballos y armas, que esto es de lo que acá tenemos necesidad, porque lo demás que venimos a buscar, como gente no falte, ello sobrará, con el ayuda de Dios.

Trece meses había que el barco era partido del puerto de Valparaíso con el mensajero Juan Dávalos, cuando llegó a él de vuelta del Perú el piloto y capitán Juan Bautista de Pastene, con gran necesidad de comida, en un navío que no traía sino el casco de él, sin tan solo un peso de mercadería, ni otra cosa que lo valiese. Estando sin esperanza de verle más, teniendo por cierto, pues habían tardado tanto, que eran ya pasados veinte y siete meses que habían partido de estas provincias y no había tenido nueva ninguna de ellos, que el navío y todos se habían perdido y anegado, como le vi, recibí tanta alegría que me saltaron las lágrimas del corazón, diciendo que fuese bien venido: le abracé, demandándole la causa de tanta tardanza y cómo y dónde quedaban los amigos que había llevado. Respondió que me daría razón, que bien tenía de qué dármela, y yo de maravillarme de oír lo que había pasado y pasaba en el Perú, y que Dios había permitido que el diablo tuviese de su mano aquellas provincias y a los que en ellas estaban; y así se asentaron a comer la compañía y él, de que tenían extrema necesidad.

Contóme cómo en término de veinticuatro días llegaron a la ciudad de los Reyes y supieron la venida allí del visorrey Blasco Núñez Vela con las ordenanzas y oidores para asentar Audiencia, y privación del gobierno y prisión de Vaca de Castro, y prisión del Visorrey por mano de los oidores y libertad suya, y cómo Gonzalo Pizarro iba en su seguimiento con cantidad de gente contra él a Quito; y cómo, en desembarcando, murió el capitán Alonso de Monroy, que llevaba la más cantidad de dinero mía. Y que el Antonio de Ulloa determinó de mudar propósito, y dejando de ir a V. M. a llevar los despachos, los abrió y leyó delante de muchos mancebos locos y presuntuosos, como él se declaró allá serlo, y mofando de ellos los rompió. Y con el favor que en aquella ciudad halló en un Lorenzo de Aldana, que era primo hermano suyo y había quedado en toda aquella tierra por su justicia mayor y teniente de Gonzalo Pizarro, y por la ida suya contra el Virrey, procuró que se secrestase el oro mío que dejó el difunto, hasta que él fuese a Gonzalo Pizarro a dar cuenta de esta tierra; y así se hizo, y se partió luego a le servir. Llegó a tiempo que se halló en la batalla contra el Visorrey cuando le mataron, y por aquel servicio, con el favor que también tuvo de un Solís, que era su primo y maestresala del Pizarro, diciendo que quería él venir a me traer socorro, bajo de cautela le pidió el autoridad y licencia para ello, y así se la dio y mandamiento para que tomase todo el oro mío, doquiera que se hallase, y con él tomó lo que había dejado Alonso de Monroy y lo desperdició e hizo gente, diciendo que era para me la traer.

Como partió el Antonio de Ulloa para Quito, el Lorenzo de Aldana mandó con pena al capitán Juan Bautista que no saliese de aquella ciudad. Holgó de estar quedo hasta saber nueva del Virrey y en qué paraba el viaje de Pizarro, aunque no dejó de tener sospecha, por algunos indicios que veía, que se trataba entre los dos primos alguna negociación en contra de lo que me convenía. Y en esto llegó nueva del desbarato del Visorrey, con muerte suya, y de la jornada que traía el Ulloa y servicios que representaba tan grandes, por haberse hallado en la batalla contra el Visorrey; y yo fiador, si los contrarios fueran todos de su estofa, no la hubieran, viniendo con más presunción y soberbia de pensamientos que de acá había llevado, hablando siempre mal de mí. Visto el Aldana que le podían surtir bien los que tenían ambos en mi daño con la victoria habida de su parte, mandó de nuevo al dicho capitán Juan Bautista, so pena de muerte y perdimiento de bienes, que no saliese de la ciudad sin su expreso mandado, y tomóle la nao.

Parece ser que en aquella coyuntura llegó a aquella ciudad el maestre de campo Francisco de Carvajal, que venía del Collao, donde había desbaratado a un Lope de Mendoza y Diego Centeno, que andaban juntos con gente alborotando al Pizarro aquellas provincias del Collao, Charcas y ciudades del Cuzco y Arequipa. Y mató al Mendoza, y tomó la gente, y huyó el Diego Centeno, escondiéndosele de manera que nunca supo de él, aunque le buscó con toda diligencia. Y hubo despachos de Pizarro de la victoria que había habido del Virrey, y aviso de otras personas que le escribieron la negociación que traía el Ulloa contra mí, negociada con el favor del Aldana y maestresala Solís, sus primos. Y yendo el dicho capitán Bautista a visitar de mi parte al Carvajal, diciendo él cómo nos conocíamos de Italia y habíamos sido allá amigos y que me tenía por el mejor hombre de guerra que había pisado a estas partes y haría por amor de mí lo que pudiese inclinándose mucho a favorecer mis cosas, le dijo que ¿por qué no había ido a negociar a Quito lo que me convenía? Respondióle que porque Aldana le había puesto pena de muerte que no saliese de aquella ciudad y le había tomado su navío: y como el Carvajal era recatado y entendido y servía de voluntad a Pizarro, tenía odio al Aldana, porque le conocía por cauteloso y no nada valiente y muy presuntuoso en demasía, y que no teniendo ánimo para emprender lo que deseaban, declarándose por enemigos míos, mostró pesarle mucho, porque debajo de la ley de amistad contra quien se fiaba de ellos intentaban maldad galalonesia. Y así le dijo: «Sabed, capitán, que Aldanica y Ulloa negocian la muerte de Pedro de Valdivia, por gobernar, en gran secreto; y quiérense favorecer de la amistad que tiene el Gobernador, mi señor, a Pedro de Valdivia, por sacar la gente, porque saben que, si por Valdivia no, por otra persona en esta coyuntura no dejaría salir un hombre de la tierra para favorecer a su mismo padre que estuviese donde Valdivia está; y convieneos callar, porque tienen mucho favor, y si lo descubrís para poner remedio, no seréis creído y os matarán y podrían de esta manera salir con su intención; y siendo avisado Valdivia, yo le conozco por tan hombre que se sabrá dar maña contra personas que tuviesen colmillos, cuanto más contra estos conejos desollados, y si vos no os guardáis para ello, no sé cómo le irá; por tanto, tomad el consejo que os quiero dar, por amor de Valdivia y vuestro, porque os tengo por hombre de verdad y callado: ios luego adonde está el Gobernador Pizarro, mi señor, que yo os daré licencia; y como el capitán Valdivia sirvió al Marqués Pizarro, su hermano, le quiere bien; y vos fuisteis también criado viejo suyo, hará por vos lo que pidierdes, con que no sea llevarle gente ni armas de la tierra, porque las ha menester, porque hasta la que llevará Ulloa con el favor que le dan sus primos, no por amor de Valdivia, sino por su interese; y pues sois cuerdo, no os digo más: trabajad con el favor de una buena licencia para poderos ir solo con los marineros que pudiéredes y una nao, dando a entender que Aldana y Ulloa son amigos de Pedro de Valdivia, diciendo a Ulloa que iréis por su capitán, contentándole con los dineros que pudiéredes y con palabras, hasta que salgáis a la mar; y allá haced lo que viéredes convenir a quien os envió, no fiándoos de Ulloa, porque no os mate como cobarde, debajo de estar vos descuidado, con lo que mostrará quereros.» Y así se partió a Quito a verse con Gonzalo Pizarro, y cuando él iba por la costa, venía a los Reyes Ulloa por la sierra. Llegado a Quito, pidió la licencia, y mandósela dar, y luego dio la vuelta a los Reyes. Díjole Pizarro que, por tenerme por amigo me enviaba socorro por mar y tierra con Ulloa, que me encareciese lo mucho que hacía por mí en consentir sacar gente en tal coyuntura, diciendo que con Hernando Pizarro, su hermano, que estuviera acá, no dispensara, y conmigo sí, por lo que me quería y estimaba mi persona. Y a la verdad, él dio licencia a los que tenía por sospechosos, que eran de la gente que se había hallado con el Visorrey, aunque el Ulloa trajo por sus oficiales y capitanes diez o doce de los muy apizarrados y escandalosos, y que habían cometido en aquella tierra grandes maldades y venían acá a sembrar aquella simiente, y persuadió al capitán Juan Bautista que fuese amigo y compañero del Ulloa. Respondióle que no haría más de lo que le mandase, de lo que se holgó en extremo, y con esto dio luego la vuelta a los Reyes. Y como el Ulloa tenía por muy entendido al capitán Bautista, no fiándose de él, le tomó el navío y puso capitán de su mano en él y en otro que estaba cargado de hacienda de mercaderes y de diez o doce casados con sus mujeres que tenían licencia para venir acá por salir del fuego de aquella tierra; y despachólos ambos para que subiesen hasta el puerto de Tarapacá, que es doscientas leguas arriba de los Reyes, y le esperasen allí, en tanto que llegaba él con la gente por tierra.

Como llegó el capitán Juan Bautista a los Reyes con la licencia de Pizarro y se vido sin navío y que se lo tomaron de hecho, presentála al Aldana y Ulloa, pidiendo que se lo volviesen; y como la vieron, no osaron contradecirla, demás de que le dijeron que él se podía ir cuando quisiese, pues lo mandaba el Gobernador Pizarro, su señor; pero que el navío no se lo podían dar, porque iba el viaje con las cosas que convenían para la jornada. Y solo se lo quitaron por necesitarle, creyendo, según estaba alcanzado, no hallaría con qué comprar otro; y en tanto que lo buscaba, pensaba el Ulloa llegar acá a efectuar su ruindad.

Como sintió el capitán Juan Bautista por do se guiaba, acordó de asegurarlos con hacer una compañía con Ulloa en hacienda y gastar con él los dineros que tenía, diciéndole que era muy bien fuesen delante aquellos dos navíos, porque llegados ellos acá, él compraría otro y vernía con alguna mercaduría para que se ayudasen y aprovechasen. Y con esto se despidió el Ulloa, aunque no muy contento de la licencia que tenía el Juan Bautista, según se supo después, y con alguna sospecha que, según su diligencia, se daría maña para pasarlo adelante, aunque le dejaba atrás y sin dineros ni navío, ni aún quien se los prestase, a su parecer, por llevar confianza que Aldana había de estorbar en este caso, como lo hizo, todo lo que pudiese.

Diose tan buena maña el capitán Juan Bautista con el crédito que tenía de su persona en aquella tierra del tiempo que sirvió al Marqués, que halló quien le vendiese un navío en mil y tantos pesos, porque pagase yo acá siete mil en oro, y con otros dos mil que halló al mismo precio, se proveyó de algún matalotaje y refresco para el viaje, y con hasta treinta hombres, entre soldados y marineros que tenían licencia, se hizo a la vela. Tardó en llegar hasta el paraje de Arica y Tarapacá seis meses; en este tiempo el Ulloa y sus dos navíos estaban entre Tarapacá y Atacama. Allí tuvo aviso el capitán Juan Bautista cómo se había declarado el Ulloa con aquellos sus oficiales y consejeros, en mucho secreto, cómo me venía a matar, y enviaba los dos navíos adelante para que me tuviesen engañado cuando él llegase; porque, muerto yo, repartiría los indios todos entre aquellos ocho o diez, y la tierra daría a Gonzalo Pizarro. Y que por esta causa, si el capitán Bautista viniera con él, le matara, por ser cierto que no le pudiera hacer de su parte. Y con esta remuneración que les prometió y dar la tierra a Pizarro, quedaron todos contentos y muy obligados a seguir su voluntad.

Estando en esto el Ulloa, pareció el capitán Bautista a vista de sus dos navíos, con el suyo; tornó acordar con sus amigos de procurar de matarlo con algún engaño, y así le envió a saludar y congratularse con él, dándole la enhorabuena de su venida, fingiendo holgarse mucho, y rogándole que saliese a verse con él para tal día, porque quería que se llevase los otros dos navíos consigo. No faltó quien se aventuró en una balsa y vino a darle aviso de la voluntad de Ulloa y engaño que le quería hacer, aunque él estaba bien avisado.

Como el capitán Bautista respondió al mensajero que no podía salir de su nao sino seguir su viaje y supo el Ulloa la respuesta, comenzó a le amenazar, y echó toda la ropa y mujeres en aquella costa, que es sin agua y arenales, donde se perdió casi todo, y embarcóse con cincuenta arcabuceros para acometer la nao del capitán y matarle, si pudiese, o echarla a fondo. Quiso Dios que, aunque se vieron a vista, no pudieron llegar a barloventear, por la ventaja que tenía en el saber navegar el capitán Bautista al que gobernaba el navío de Ulloa, y así pasó adelante, dejando al otro atrás, hasta que lo perdieron de vista.

Díjome más el dicho capitán en su relación, cómo, después de dada la batalla al Visorrey, y muértole, se alzó Gonzalo Pizarro con la tierra, diciendo y jurando que si V. M. no se la daba, que él se la tenía y defendería; y que también tenía usurpado al Nombre de Dios y Panamá con una gruesa armada, capitanes y gente. Parecíame tan feo y abominable esto, que atapé los oídos... y me temblaron las carnes, que un tan suez hombrecillo y poco vasallo hubiese, no dicho, pero imaginado, cuanto más intentado, tan abominable traición contra el poder de un tanto y tan católico monarca, rey y señor natural suyo. Sentílo en tanta manera, que echando atrás todas las pérdidas e intereses y trabajos que se me podían recrecer, no estimando cosa más que el servicio de V. M., me determiné a la hora, de ir al Perú, por tener confianza en Dios y en la ventura de V. M., que con sola la fe de la fidelidad y obligación que tengo a su cesáreo y real servicio, había de ser instrumento para le abajar de aquella presuntuosa frenesí, causada de enfermedad y falta de juicio y superba luciferina.

Estaba con pena cuando me daba esta relación el capitán Juan Bautista, porque el navío en que vino no era llegado al puerto de Valparaíso, que lo dejó doce leguas abajo que no pudiendo venir con los grandes sures, saltó allí con ocho o diez hombres por me venir a dar las nuevas, temiendo que el Ulloa, habiéndole visto pasar adelante, no hubiese caminado con alguna gente a la ligera por efectuar su mala intención, o a lo menos hubiese puesto alteración de malas voluntades en los que acá estaban, para que nos perdiéramos todos y la tierra, y por esperar allegar al puerto con la nao se tardase algo más y hubiese su largo trabajo sido en balde.

Estando en esto, llegaron por tierra a la ciudad de Santiago ocho cristianos, y entre ellos un criado mío, que había enviado al Perú en el barco que llevó el Juan Dávalos. Venían tales que parecían salir del otro mundo, en sendas yeguas bien flacas. Éstos me dieron nuevas del Ulloa, que se apartaron de él en Atacama, y me dijeron que como no pudo llegar a barloar con la nao del capitán Bautista, echó los soldados fuera de la suya y tornó a meter las mujeres que había sacado, y a ambos navíos los tornó a enviar a los Reyes, que no los consintió venir acá, aunque lo deseaban los que venían en ellos, metiendo en ellos capitanes de aquellos sus aliados, y él dio la vuelta a los Charcas, porque le envió a decir el capitán Alonso de Mendoza que en ellas estaba por Pizarro, como está dicho, que se fuese a él con toda la gente, porque así se lo había escrito Gonzalo Pizarro que se lo escribiese de su parte, porque tenía necesidad de sus amigos y era tiempo que le favoreciesen, porque tenía nueva que había llegado a Panamá un caballero que venía de parte de S. M. y que le habían sus capitanes entregado el armada, aunque no lo creía; y que de cualquier manera que fuese, determinaba de no lo dejar entrar a él ni a otro ninguno que viniese en la tierra, y que él estaba confiado que no haría otra cosa. Y así se fue, y que no pudo holgarse con cosa más porque ya temía la venida de acá, porque sabía que no se me podía escapar si pasaba el despoblado.

Al tiempo de su partida, por ruego de aquellos sus amigos, dejó en Atacama hasta veinte hombres que deseaban venir acá, y entre ellos quedaron tres o cuatro personas que traían sesenta yeguas, que era la mejor hacienda y más provechosa y necesaria que en esta tierra podía entrar; y, por no hacer el Ulloa cosa bien hecha, ya que les dio licencia para que quedasen, les quitó los caballos que traían buenos, cotas y lanzas, que fue principio de su perdición.

Viéndose tan poca gente en Atacama y los indios belicosos y ellos tan envolumados de yeguas y con poco servicio, se metieron al despoblado, con esperanza de se reformar en el valle de Copiapó. Y como los indios de él supieron de los de Atacama haberse vuelto el capitán y no ir más de veinte cristianos y sin armas, y revuelto el Perú, en entrando en el valle dieron en ellos y mataron los doce y los otros se escaparon, bien heridos, en sendas yeguas cerriles. Como vino la noche, y se salieron del valle y se vinieron hacia la ciudad de La Serena, y dejaron toda su ropa, yeguas, negros, servicio y cinco o seis hijos pequeños. Y la causa de no matarlos a todos fue que tuvieron nueva los indios del valle de otros que vinieron a dar mandado, que salían cristianos de La Serena, y por esto no fueron tras ellos; y así llegaron a la ciudad sin figura de hombres, del trabajo y hambre que habían pasado y de las heridas. De estas cosas y otras muy peores fue causa el Ulloa que digo, y Solís, su primo, en favorecerle, y Aldana en consejarle.

Primero de diciembre del año de quinientos cuarenta y siete llegó el navío y surgió en el puerto de Valparaíso, y a los diez del estaba embarcado, con diez hijosdalgo que llevé en mi compañía para ir a servir a las provincias del

Perú, contra la rebelión de Gonzalo Pizarro, a la persona que venía de parte de V. M. y con su autoridad a ponerlas bajo de su cesárea y real obediencia.

Allí proveí al capitán Francisco de Villagra, mi maestre de campo, porque le tenía por verdadero servidor y vasallo de V. M. y celoso de su cesáreo servicio, por mi lugarteniente general, para que atendiese a la guardia, pacificación y sustentación de las ciudades de Santiago y La Serena y los vasallos de V. M. y de toda esta tierra y conservación de los naturales de ella, como yo siempre lo había hecho, en tanto que iba a servir al Perú en lo dicho y daba la vuelta, con el ayuda de Dios, a esta tierra dejándole para ello la instrucción que me pareció convenía al buen gobierno y sustentación de todo. Y le despaché luego a la ciudad a que presentase en el cabildo la provisión o le recibiesen, y yo esperé en el navío aquel día hasta que le hubiesen recibido y se le pregonase en la plaza de la ciudad. Tuve aviso al tercer día por la mañana cómo la habían obedecido y cumplido los del cabildo, y me enviaron sus cartas, declarando en ellas a V. M. como le iba a servir y a procurar el bien de todos y la perpetuación de estas provincias.

Luego que vi la respuesta del Cabildo pedí a Joan de Cárdenas, escribano mayor en el juzgado de estas provincias de la Nueva Extremadura, que estaba allí presente e iba en mi compañía, que me diese por fe y testimonio para que pareciese en todo tiempo ante V. M. y los señores de su Real Consejo, Cancillerías y Audiencias de España e indias, o ante cualquier caballero que viniese con su real comisión a las provincias del Perú, cómo dejaba en estas provincias de la Nueva Extremadura el mejor recaudo que podía para que la sustentasen en servicio de V. M. y me hacía a la vela en aquel navío, llamado «Santiago» para ir a las del Perú a servir a V. M. y al tal caballero contra Gonzalo Pizarro y los que le seguían y estaban revelados de su cesáreo servicio y contra todas las personas que lo tal presumiesen e intentasen, y hacerles a todos, en general y particular, con las armas en la mano la guerra a fuego y a sangre, hasta que depusiesen las suyas y viniesen por fuerza o de grado a la obediencia, sujeción y vasallaje de V. M. y fuesen justificados todos conforme a sus deméritos con la verga de justicia. Y pedí a las personas que iban en mi compañía y a otros diez o doce caballeros e hijosdalgo vecinos de la dicha ciudad de Santiago, que allí estaban para se despedir de mí y volverse a sus casas, que me fuesen testigos, y que así lo declaraba, para que se supiese en todo tiempo que yo era servidor y leal súbdito y vasallo de V. M. sin cautela, sino a las derechas. Y con esto salieron las personas que habían de ir a tierra en la arca, y vuelta al navío y metida dentro, mandé disferir velas a los trece del dicho mes, llevando delante la buena ventura de V. M. y con voluntad de emplear la persona, vida y honra, con cien mil castellanos que llevaba de acá, y los demás que pudiese hallar en el Perú empeñándome, los sesenta mil míos y de amigos que me los habían dado de buena voluntad, y los cuarenta mil que tomé prestados a otros diez o doce particulares, a uno mil y a otro mil y quinientos, dejando orden para que se los fuesen pagando poco a poco de lo que sacasen de las minas mis cuadrillas, que serían cada año, libres de gasto, doce o quince mil pesos; y gastarlo todo y perderlo, juntamente con la vida, en su cesáreo servicio, o con ello y ella destruir a todos sus deservidores y soeces vasallos.

Llegué en dos días de navegación a la ciudad de La Serena, que tenía fundada a la lengua del agua, salté en tierra y no me detuve más de un día; di orden al teniente y cabildo de lo que habían de hacer y cómo se habían de guardar de los naturales y obedecer en todo a mi teniente general, diciéndoles cómo iba a servir a V. M. contra la rebelión de Gonzalo Pizarro, y voluntad que llevaba, y tornéme a embarcar a los quince del dicho mes, y seguí mi viaje. En alzando velas, mandé a los marineros que me echasen a la mar una infinidad de plantas que llevaban de estas partes a los Reyes, porque no me gastasen el agua, diciéndoles que no había de parar hasta me ver con la persona que venía, por parte de V. M., y así se echaron.

Víspera de Navidad, echo ancla en el puerto de Tarapacá, que es en las provincias del Perú, ochenta leguas de la ciudad de Arequipa y doscientas de la de los Reyes; hice echar la arca con media docena de gentiles hombres, que quedasen a la guarda de ella dentro en la mar, y saltase uno solo a tomar lengua de indios de lo que había en la tierra, o de algún cristiano. Halló el que saltó, que todos estábamos a la vista, dos españoles, que le dijeron cómo había quince días que Gonzalo Pizarro, treinta leguas de allí, la tierra adentro en el Collao, había desbaratado con quinientos hombres, que no le seguían más, al capitán Diego Centeno que traía contra él mil y doscientos, y estaba más poderoso que nunca en el Cuzco, y toda la tierra por suya. Preguntados qué nuevas había de España, dijeron que se decía que en Panamá estaba un Presidente que se decía Licenciado de la Gasca, y que los capitanes de Gonzalo Pizarro le habían entregado el armada; pero que no tenía gente ni quien le siguiese, y que seguro podía estar que no entraría en la tierra, y que, si entrase, le matarían a él y a los que trajese, porque había jurado Gonzalo Pizarro por Santa María, que la Candelaria había de estar en la ciudad de los Reyes contra él.

Habida esta relación, la misma noche mandé alzar vela y meter velas, y llegué en dieciocho días al paraje de la ciudad de los Reyes, y supe cómo el Presidente había tomado allí tierra e iba la vuelta del Cuzco con la gente que tenía contra el Gonzalo Pizarro. Torné puerto y fuime a la ciudad con todos los gentiles hombres que llevaba; dejé el navío con el armada de V. M. para que sirviese como los demás; despaché al Presidente en toda diligencia, haciéndole saber mi llegada y la intención que traía de servirle en nombre de V. M., que le suplicaba me fuese esperando, porque no me deternía en los Reyes sino ocho o diez días para comprar aderezos de la guerra. Y así lo hice, que no me detuve más y compré armas y caballos y otras cosas necesarias para mi persona y para los gentiles hombres de mi compañía; y esto y en dar socorro a otros gentiles hombres para que fuesen a servir a V. M., gasté, en los diez días sesenta mil castellanos en oro; y así me partí con todos en seguimiento del Presidente, andando en un día la jornada que él hacía en tres, y de esta manera le alcancé y al campo de V. M. en el valle que se dice de Andaguaylas, cincuenta leguas del Cuzco.

Como el Presidente me vio, se holgó mucho conmigo y recibió muy bien, teniéndome de parte de V. M. en muy gran servicio la jornada que había hecho y trabajo que había tomado en venir a tal coyuntura; y dijo público que estimaba más mi persona que a los mejores ochocientos hombres de guerra que le pudieran venir aquella hora, y yo le rendí las gracias teniéndoselo en muy señalada merced. Luego me dio el autoridad toda que traía de parte de V. M. para en los casos tocantes a la guerra, y me encargó todo el ejército y le puso bajo mi mano, rogando y pidiendo por merced de su parte a todos aquellos caballeros, capitanes y gentes de guerra, y de la de V. M. mandándoles me obedeciesen en todo lo que les mandase acerca de la guerra y cumpliesen mis mandamientos como los suyos, porque de esto se servía V. M.; y así todo el ejército respondió que lo haría, y a mí me dijo que me encargaba la honra de V. M. Yo me humillé y le besé la mano en su cesáreo nombre y le respondí que yo tomaba su cesárea y real autoridad sobre mi persona y la emplearía en servicio de V. M. y en defensa de su fidelísimo ejército con toda la diligencia y prudencia y experiencia que a mí se me alcanzase en las cosas de la guerra, y con él y ellas tenía esperanza en Dios y en la buena ventura de V. M. de restaurarle la tierra y ponerla bajo de su obediencia y vasallaje y destruir a Gonzalo Pizarro y a los que le seguían, para que fuesen justificados conforme a sus delitos, o quedaría sin ánima en el campo. Y así el ejército todo se holgó y regocijó mucho conmigo y yo con él. Aquí mostré el requerimiento que hice en el puerto de Valparaíso ante el escribano mayor del juzgado y testimonio que me dio de cómo venía a buscarle y servirle en nombre de V. M., de que recibió en extremo grandísimo contento pareciéndole conjungía bien la elección y confianza tan grande que de mi persona había fecho, con la fidelidad de voluntad y obras mías en el servicio y vasallaje que debía a V. M. Y lo tomó y dijo que él lo quería tener para enviar a V. M., y así se le quedó.

A la hora recorrí las compañías, así de caballo como de pie, e hice la de los arcabuceros por sí y ordené los escuadrones, poniéndolos en aquella orden que era menester y convenía a la jornada, mandándolos proveer de pólvora y mecha y de picas y lanzas y de todas aquellas armas que había, para que se aprovechase cada uno en su tiempo de ellas, poniendo el artillería donde había de ir, dándole orden de lo que había de hacer cada día viniendo siempre con el ejército cuando marchaba; el general Pedro de Hinojosa y el mariscal Alonso de Alvarado y yo delante con la gente que me parecía, íbamos corriendo el campo a hacer el alojamiento donde convenía. De aquí escribí a V. M.: fue mi carta con los despachos que envió el Presidente a doce de marzo de 1548.

De esta manera y con tan buena orden caminaba el ejército de V. M. cada día la jornada que me parecía era menester, a las veces grandes, por el pasar de las nieves, donde pudiera recibir detrimento por el frío y faltas de comida, otras pequeñas porque se rehiciesen las personas y caballos; y así llegamos a un río grande, que se dice de Aporima, que es doce leguas del Cuzco.

En comarca de veinte leguas hay cinco puentes en este río para pasarle los que vienen de hacia los Reyes y de las partes donde nosotros veníamos y todas estaban quemadas; esto, a fin de acudir los enemigos a nos defender el paso, en sabiendo por do habíamos de pasar. Ocho leguas antes que llegase el ejército a él, proveí que a todas cinco fuesen capitanes con arcabuceros e hiciesen los aparejos de los puentes, que son unas que llaman criznejas, que se hacen de vergas, como mimbres tejidas, diez o doce pasos más largas que el río que se ha de pasar, y tan anchas como dos paliños, y media docena de éstas bastan para una puente, tejiéndolas después por cima con otras ramas. Y así había de pasar la gente y bagaje aquel río, y los caballos a la ventura se habían de echar al río, que va entre unas sierras muy hocinado, recio y sin vado, y que, hechas las criznejas, no echasen en manera ninguna de la otra parte del río hasta tanto que viesen mi persona. Y con esta orden, el jueves de la Cena bajé a ver la disposición de la puente y paso, y vista, mandé a Lope Martín, que era el que la estaba haciendo, no echase crizneja ni otra cosa de la otra parte hasta en tanto que yo viniese con todo el campo o volviese a donde él estaba. Y viernes de Pasión volví al campo de V. M., y el Presidente y todos los demás capitanes se juntaron y me pidieron dijese mi parecer, y yo les dije que convenía que luego se levantase el campo y pasásemos por aquel paso con toda brevedad. Y sábado se apercibió, y día de Pascua por la mañana salimos el mariscal Alonso de Alvarado y yo y comenzamos a caminar en el avanguardia. Topamos a las ocho horas del día a un Fray Bartolomé, dominico, que venía en un caballo en gran diligencia la cuesta arriba, y nos dio nueva cómo el Lope Martín, pareciéndole que era juego de aventurar con decir quizá ganaré, y no sabiendo lo que aventuraba, había echado la puente el sábado en la tarde, y que aquella noche habían venido los enemigos y quemádola, y todos los amigos que la estaban haciendo con el Lope Martín se habían huido y estaba perdida y por allí no había remedio de pasar. Visto por mí el mal recaudo, dije a dos capitanes de arcabuceros, que iban con nosotros, me siguiesen, que no era tiempo de comunicarlo con el Presidente, que venía en la retaguardia. Y así caminaron tras mí hasta doscientos arcabuceros con el capitán Palomino, haciendo dejar el artillería en lo alto, una legua encima la puente, y bajé los indios que la traían con cuatro o cinco tiros pequeños, para poner a la resistencia de la puente si alguna gente cargase de la otra banda. Llegué con dos horas de Sol y vimos la gente que de la otra parte estaba, que eran hasta veinte cristianos con algunos indios, para nos derrocar esa misma noche un pilar de cantería que estaba en la otra banda, sobre que se arman estas puentes; y, a derrocarnos este, quedábamos con muy grandes trabajos porque habíamos de pasar doce o trece leguas de nieve para ir a otra puente, y el campo venía muy fatigado, y subiendo a la otra puente que digo, dejábamos a las espaldas los enemigos y podíanse venir a la ciudad de los Reyes, por donde el ejército de V. M. no se podía sustentar, porque dentro de un mes se alzaban las comidas del campo, y alzadas, no podía campear el campo de V. M. Esto comunicaba muchas veces con el Presidente, y algunos, que no miraban los inconvenientes ni los alcanzaban por falta de experiencia y sobra de presunción, se quejaban mucho de mí, porque los hacía caminar como convenía, porque prometo a V. M. mi fe y palabra, con aquella fidelidad que debo, que si me tardara un hora a comunicarlo con el Presidente el desbarato de la puente, que no sé en qué paráramos, y para ganar había de usar Dios sobrenatural. Y llegado, como digo, a la puente los que de la otra banda estaban, como vieron descolgar tanta gente, hiciéronse a largo una legua a lo alto; visto esto por mí, hice pasar cinco arcabuceros a nado de la otra parte, con el cabo de una cuerda atada a una crizneja, y así puse por obra esa noche de hacer tres o cuatro balsas, y de media noche abajo hice comenzar a pasar toda la más gente noble que conmigo estaba, y así pasaron hasta doscientos hombres a los cuales hice estar sin comer bocado hasta que alzasen todas las criznejas. A los indios amigos mandé hacer sogas y aderezos, que todas estaban quemadas, que era menester gran cantidad para lo uno y lo otro y juntar de las criznejas. Otro día, segundo de Pascua, a medio día, llegó el Presidente con todo el campo; dime tanta prisa, sin quitarme jamás de allí, que el último día de ella estaba hecha la puente. Este mismo día, en la tarde, llamé al Presidente allí junto a la puente, y le dije: «Señor yo quiero pasar y tomar el alto, porque si los enemigos nos lo toman, vernos hemos en trabajo en subirlo.» Respondióme que sí, por amor de Dios que lo hiciese y que mirase que la honra de V. M. estaba puesta en mis manos; yo le repliqué que yo perdería la vida o la sacaría en limpio, como era razón. Y luego en su presencia llamé al mariscal

Alonso de Alvarado y le dije que no se quitase de aquella puente y que pasase por ella la gente de guerra, sin dejar pasar ningún bagaje hasta tanto que estuviese, toda de la otra banda, porque no se nos acostase la puente y se nos desbaratase, y los caballos se echasen al río, como ya se habían comenzado a echar ese mismo día; y así pasé la puente, en el nombre de Dios y en la ventura cesárea de V. M. Y en medio de la cuesta topé con un soldado que se venía huyendo del campo de los enemigos, que se llamaba Juan Núñez de Prado, y me dijo que Juan de Acosta venía a defendernos la puente, con doscientos y diez arcabuceros y ochenta de caballo, y yo le dije: «Pasad adelante e id al Presidente»; y yo acabé de subir hasta lo alto, y tomé un buen sitio que me parecía convenir, donde, aunque viniera Gonzalo Pizarro con todo su ejército, lo desbaratara, aunque era ya noche y no tenía más de hasta doscientos hombres. Visto esto y que el capitán Acosta estaba media legua de mí, mandé tocar arma a un hora de noche, porque la gente acudiese; y así llegó de mano en mano el arma hasta donde el Presidente estaba, y dentro de dos horas tenía hasta quinientos infantes conmigo, los cuatrocientos arcabuceros y hasta cincuenta de caballo, y así en escuadrón los hice estar toda la noche.

Otro día se juntó todo el campo; reparamos aquí dos días; estaba el enemigo con el suyo cinco leguas, en el valle que se dice de Xaquixaguana; pasados los dos días, caminamos las dos leguas. Allí otro día, yo solo, echando todos los sargentos fuera, ordené el campo como me pareció que era menester; en el entretanto envié corredores, porque ya cada día nos víamos los unos con los otros. Puesta la orden ya dicha, caminamos el Mariscal y yo hasta donde estaban los corredores, que era cerca del campo de los enemigos; trabamos escaramuzas con ellos; hicímoslos retirar todos dentro de su campo. Llegamos a ver el sitio que tenían y el que a nosotros nos convenía tomar, y muy bien visto, dije al Mariscal: «Volvamos por el campo, aunque es tarde, porque aquí nos conviene traerlo, que en la mañana, yo os prometo mi fe y palabra, sin romper lanza, de romper los enemigos y hacerlos levantar de donde están.» Y así volvimos y levantamos el campo, que estaba aposentado, y lo pusimos en el sitio ya dicho, con mandar que toda la gente se estuviese en sus escuadrones como venían, y allí se les trajese de comer, sin ir a sus toldos, aunque todos renegaban de Valdivia y de quien lo había traído, porque hacía mucho frío, especialmente los de caballo, que les mandaba los tuviesen de la rienda. Y toda esta noche el Mariscal y yo no nos apeamos, y a la media noche apercibimos cuatro compañías de arcabuceros, que yo había ordenado después que el Presidente me encargó el campo, que estuviesen apercibidas para cuando las llamásemos; y así, al cuarto del alba, enviamos al capitán Pardavé, con cincuenta arcabuceros que tenía en su compañía, trabase escaramuza con los enemigos por la parte de nuestra retaguardia, y así lo hizo. Como fue de día, el Mariscal y yo oímos misa y dimos parte al Presidente de lo que se había de hacer, y le dijimos cómo los arcabuceros no tenían mecha, que estaban todos dando gritos, y él andaba de vecino en vecino para si tenían colchones de algodón para lo hacer hilar; y así le dijimos que la gente estuviese en sus escuadrones, como se estaba, porque nosotros con los arcabuceros bajábamos a tomar un sitio que la tarde antes habíamos visto, y tomado, avisaríamos luego que bajase el campo, y así bajamos con los dichos arcabuceros y se les tomó el sitio. Y luego yo llamé a Jerónimo de Alderete, criado de V. M., y le envié al Presidente que luego bajase el artillería y el campo, porque el sitio estaba tomado, y que lo que le había prometido muchos días antes, yo lo cumpliría, que era que no morirían treinta hombres de los de S. M. Y así como el Alderete llegó donde el Presidente estaba, comenzó el artillería a caminar y el campo en pos de ella, llegaron cuatro piezas donde yo estaba, que era un alto que sojuzgaba el campo de los enemigos, bajo del cual había de estar nuestro campo. Y llegadas estas cuatro piezas, las hice asestar, y fue menester asestarlas; pero porque los artilleros no estaban tan diestros como convenía, dime tanta prisa en el tirar y con tan buena orden, que hice recoger los enemigos todos dentro de un fuerte que tenían en sus escuadrones. Levantaron los amigos que ellos tenían todos sus toldos y campo y comenzaron a huir de la otra parte de su campo a un cerro muy alto, y cristianos a vuelta de ellos, unos para el campo de V. M. y otros por se salvar. De esta manera tuvo lugar el campo de V. M. de tomar el sitio que nos convenía y yo quería, y así tomado, yo bajé a pie, porque no podía a caballo, hasta lo llano, donde estaba tomado el sitio, y mandé bajar el artillería tras mí, y junté la una y la otra en parte donde podíamos perjudicar los enemigos y ellos no a nosotros. Fue tanto el temor que el artillería les puso, según Carvajal después me dijo, que no había hombre que los pudiese hacer tener orden, por donde se desbarataron y fue forzado Gonzalo Pizarro a se venir a dar a un soldado y encomendar no lo matase, sin que el campo de V. M. recibiese ningún daño. Concluido este negocio y presos los principales, de que allí se hizo justicia, fui al Presidente en presencia del dicho Mariscal y del general Pedro de Hinojosa y de tres obispos y del todos los capitanes y caballeros del ejército, y díjele estas palabras: «Señor y señores, yo soy fuera de la promesa de mi fe y palabra que daba cada día a V. S. y mercedes, y de la que ayer di al Mariscal, que rompería los enemigos sin perder treinta hombres»; y a esto respondió el Presidente: «¡Ah señor Gobernador!, que S. M. os debe mucho», porque hasta entonces no me había nombrado sino capitán; y el Mariscal, que harto más había fecho de lo que había dicho. Y con esto torné al Presidente el autoridad que de parte de V. M. para todo lo dicho me había dado, y a todos los capitanes y gente de guerra rendí las gracias de lo bien que habían obrado en servicio de V. M. por me haber obedecido con todo amor y voluntad en lo que en su cesáreo nombre les había hasta allí mandado. Y dando gracias a Dios de la merced que nos había fecho, atendimos a nos regocijar, y los jueces a justificar las causas de los rebeldes. De lo que serví a V. M. en esta jornada, el Presidente es hombre de conciencia, a lo que conocí de la integridad de su persona, y verdadero servidor y criado de V. M.: a la causa estoy confiado habrá dado y dará verdadera relación.

Justificado el rebelado Pizarro y algunos de sus capitanes donde fueron desbaratados ellos y los que le seguían, que se hizo en dos días, se partió el Presidente a la ciudad del Cuzco a entender en la orden que convenía poner en la tierra, que era bien menester. Fui con él y estuve en el Cuzco quince días, y en ellos saqué la provisión de la merced que me hizo de gobernador de estas provincias en nombre de V. M., por virtud del poder que para ello trajo; y pidiéndole algunas mercedes en remuneración de servicios, me dijo no tener poder para se alargar conmigo a más de aquello que me daba, que enviase a suplicar al Real Consejo de Indias por ellas, porque él no podía dejar de serme buen solicitador con V. M. Pedíle licencia para sacar gente por mar y tierra de aquellas provincias para venir a servir a V. M. en éstas, y diómela y todo favor, y viendo los gastos que había hecho en aquel viaje y empresa y como estaba adeudado, no teniendo para me proveer de navíos, mandó a los oficiales de V. M. que me vendiesen un galeón y galera del armada que estaba en el puerto de los Reyes, y me fiasen los dineros, porque yo iba a dar orden en mi armada y partida, que sería con toda diligencia. Y de allí del Cuzco despaché un capitán con ochenta de caballo que fuese delante al valle de Atacama y caminase en toda diligencia y me tuviese junta toda la más comida que se pudiese, para poder pasar ellos y la gente que yo llevase el gran despoblado de Atacama; porque desde allí a tres meses estaban cogidas todas las comidas en aquel valle, y ya que no las tomasen en el campo, no ternían tiempo los naturales de nos las esconder. Y así partimos a un tiempo, el capitán a Atacama y yo a los Reyes. Despaché otros capitanes a la ciudad de Arequipa a que hiciesen gente y me esperasen por aquella comarca con ella, y otro a los Charcas por hacer lo mismo, y que con la gente que con él quisiese ir, caminase a Atacama.

Fui a los Reyes; diéronme los Oficiales de V. M. dos navíos en veinte y ocho mil pesos, y compré yo otro y aderecé el armada, y despachéme en un mes. Y porque en el tiempo que navegaba es la navegación por allí en extremo trabajosa y espaciosa, por la brevedad dejé a Jerónimo de Alderete, criado de V. M., por mi lugarteniente de capitán general en ella, para que trabajase de la subir arriba, y yo salté en la Nasca y me vine a Arequipa por tierra, por tomar la gente que tenían mis capitanes, y con ella irme a Atacama.

Llegado a Arequipa, no me detuve en ella más de diez días, porque la gente no hiciese daño, y caminé mi viaje con la que tenían mis capitanes, por la costa, la vuelta del valle de Arica, donde había mandado que subiese mi armada, porque si yo llegase allí primero, le dejaría orden para que siguiese su viaje.

Último de agosto del año de quinientos cuarenta y ocho, partí por tierra con la gente que hallé en Arequipa para seguir mi viaje. Yendo por mis jornadas, llegando al valle que se dice de Sama, me alcanzó el general Pedro de Hinojosa, con ocho o diez gentiles hombres arcabuceros; recibíle con el alegría que a un servidor de V. M. y amigo mío; preguntéle que a qué era su venida; respondióme que al Presidente le habían informado que yo venía robando la tierra y haciendo agravios a los naturales, y que le había mandado se viniese a ver conmigo y visitar la costa y saber lo que pasaba.

Díjele que qué información tenía de aquello. Dijo que al revés, y que también se había informado de los vecinos de Arequipa cuán bien me había habido con todos, y que deseaba que yo volviese a verme con el Presidente; demandéle si sabía que había necesidad y me lo enviaba a mandar, que luego daría la vuelta; pero que si no, para qué había de ir a tomar trabajo en volver tan largo y trabajoso camino, que había hasta los Reyes ciento y cuarenta leguas de arenales, y que lo que más temía era el daño que con mi ausencia podían hacer los soldados esperándome, y ya yo estaba a lo postrero de lo poblado del Perú, y que podría ser no holgarse el Presidente cuando supiese tanto inconveniente como se podía recrecer con mi vuelta. Y con esto nos partimos de allí para otro valle que se dice de Tacana. Y también le dije que, a no volver, podía venir a poblar una ciudad la Navidad adelante, y si volvía, no podía hasta de allí a año y medio, y que viese el deservicio que a V. M. se hacía, y a mí tan manifiesto daño; diciendo el General que desde allí se iría él a su casa a los Charcas, y yo seguiría mi camino. Llegado a Atacama, dende a dos o tres días, una mañana poniendo los gentiles hombres que con él iban con sendos arcabuces cargados en el patio de la posada donde estaba, entró en mi cámara y me presentó una provisión de la Real Audiencia, por la cual me mandaba volviese a la ciudad de los Reyes a dar cuenta a V. M. de las culpas que me habían puesto y en ella se rezaban. Y no sé a qué efecto me negó lo de la provisión el general Hinojosa, porque ya yo le había de buena voluntad dicho que volvería si me lo mandaban. Comenzáronse a alterar mis capitanes, que estaban allí con hasta cuarenta de caballo y otros tantos arcabuceros; luego mandé que nadie no se meneease, porque yo era obligado a obedecer y cumplir aquella provisión como criado de V. M., y dije al General que partiésemos luego. Y así, mandé ensillar, y di la vuelta con solos cuatro gentiles hombres, y en término de cuatro horas proveí de quien quedase a guardar mi casa en aquel valle, hasta que yo diese la vuelta, y de un capitán que llevase toda aquella gente a Atacama, porque en tanto que allí llegaban, yo sería, con ayuda de Dios, de vuelta con ellos, y nos partimos. Llegamos en siete días a Arequipa; allí supe cómo mi galera estaba en el puerto de aquella ciudad; fuímonos a embarcar por ir más, presto en ella que por tierra, y el galeón había pasado adelante la vuelta de Arica, y la otra nao que compré había arribado a la ciudad de los Reyes en diez días.

Llegando en la galera a surgir en el puerto de ella, sabiendo el Presidente nuestra llegada, vino a nos encontrar a la mar; díjele que no me pesaba sino por el trabajo que se tomó en hacer la provisión, pues con escribírmelo por una simple carta, diera la vuelta a la hora. Túvomelo de parte de V. M. en muy gran servicio, diciendo que bien sabía y estaba satisfecho que era todo falsedad lo que le habían dicho de mí, y envidias; pero que se holgaba, porque con tanta paciencia y humildad había obedecido y dado muy gran ejemplo para que los demás supiesen obedecer, que era más que necesario en aquella coyuntura y tierra. Yo dije que en todo tiempo haría otro tanto, aunque estuviese en cabo del mundo y vernía pecho por tierra al mandado de S. M. y de los señores de su Real Consejo de Indias, porque tenía el obedecer por la principal pieza de mi arnés, y no tenía más voluntad que la que mi rey y señor natural tuviese y seguir en todo tiempo tras ella, sin demandar otra cosa. Estuve con el Presidente un mes descansando, y luego me licenció, y tomé por tierra con solo diez gentiles hombres a hacer mi jornada. Llegué a Arequipa víspera de Pascua de Navidad; diome una enfermedad del cansancio y trabajos pasados, que me puso en el extremo de la vida: quiso nuestro Dios de me dar la salud en término de ocho días, y pasadas fiestas, no bien convalecido, me partí para el valle de Tacana, de donde había salido, y pasé ocho leguas adelante al puerto de Arica. Hallé allí al capitán Alderete, con el galeón, que me estaba esperando; y porque me rogó el Presidente que me detuviese allí lo menos que pudiese, porque la gente que andaba vagabunda por la tierra, debajo de la color que venía a ir conmigo, no hiciesen daño por aquellas provincias y porque la plata que, se había de llevar V. M. estaba en los Charcas y no podía conducirla a los Reyes hasta que yo saliese con toda la gente que por allí estaba; como llegué a Arica a los dieciocho de enero del año de 1549, a los veintiuno estaba hecho a la vela para dar la vuelta a esta gobernación. Y así me metí en el galeón dicho San Cristóbal, que hacía agua por tres o cuatro partes, con doscientos hombres, y sin otro refrigerio sino maíz y hasta cincuenta ovejas en sal y sin una botija de vino ni otro refresco, y en una navegación muy trabajosa; porque como no alcanzan allí los nortes y hay sures muy recios, hase de navegar a fuerza de brazos y a la bolina, ganando cada día tres o cuatro leguas, y otros perdiendo doblado, y a las veces más; y eran doscientas y cincuenta las que teníamos por delante, que tanto cuanto es apacible la navegación de acá al Perú, es de trabajosa a la vuelta.

Cuando partí de los Reyes por tierra, dejé allí la galera a un capitán para que me la trajese cargada de gente y partiese lo más presto que ser pudiese, porque tenía necesidad de calafatearla y darle carena, y yo no podía ni convenía esperar a lo hacer.

Cuando la primera vez emprendí mi vuelta, el Presidente no había acabado de repartir la tierra, y creyendo cada uno que a, él había de caer la suerte, no querían venir a buscar de comer, aunque, para obra de doscientos repartimientos que estaban vacos, había mil y quinientos hombres que los pretendiesen; y con esto no traía sino poca gente. Y cuando di la vuelta, estaban los más gentiles hombres gastados de esperar la retribución que no re les podía dar, y no me pudieron seguir sino muy pocos, y esos a pie, por la mar, y yo no estaba tan rico que les pudiese favorecer, ni en parte que lo pudiese buscar prestado. Y así ellos quedaron a esperar mejor coyuntura y yo salí con la más diligencia que pude, con certificar a V. M. estaba la tierra tan vidriosa cuando volví y la gente tan endiablada por los muchos descontentos que había por no haber paño en ella para vestir a más de a los que el Presidente vistió, que intentaba mucha gente de lustre, aunque no en bondad, de matar al Presidente y Mariscal y a los capitanes y obispos que le seguían, y muertos, salir a mí y llevarme por su capitán, por robar la plata de V. M. que estaba en los Charcas y alzarse con la tierra como en lo pasado, y si no lo quisiese hacer de grado, compelerme por fuerza a ello o matarme. Y esto me decían por conjeturas, poniéndome delante los agravios que se me habían hecho y hacían, no siendo justo lo sufriese quien había servido lo que yo y otros mil descontentos, respondiendo yo que volver al mando de V. M. no era agravio, sino merced que se me hacía. Y como los entendía y veía a do se les inclinaban los ánimos, proveía a ello con dar a entender el contrario, creyendo habían de ser torcedores para me engañar por sus intereses, queriendo sacar de mí lo que en esto sentía; respondía a los que me movían estas pláticas en generalidad, diciéndome decirse así entre toda la gente de la tierra que yo era servidor y amigo de todos, y quitada la autoridad de V. M., no más de un pobre soldado y solo como el espárrago; y que si algo valía, era por la lealtad mía en su cesáreo servicio, y que no era para pensar que de vasallos tan leales se pudiese presumir tal, mayormente estándolos coronando con mercedes por la victoria tan grande que había alcanzado pocos días antes del rebelado Pizarro, diciéndoles que si por haber sido instrumento, mediante la voluntad de Dios, para destruir tal abominación y poner la tierra en paz y sosiego bajo la obediencia de V. M., pensaban que valía algo, que supiesen que vivían engañados, porque ni ellos me habían menester, ni yo lo seguiría. Y cuando por nuestros pecados Dios no hubiese alzado su ira de aquella tierra, antes consentiría que me desmembraran miembro a miembro, que por fuerza ni por grado, por interés ninguno cometer tan abominable traición, pues el principal que me causaba la honra y el provecho, era servir a V. M. con la voluntad y obras, manifestándolo como lo manifestaba por palabras. Y en esto corrí riesgo, y pudiéralo correr mayor si no me aprovechara de la afabilidad con todos, porque en aquella coyuntura no convenía, según los ánimos de los hombres estaban alterados, amenazarlos ni castigar, sino aplacar, como yo lo hice, con salirme presto de la tierra. Diome Dios tan buen viaje, por quien Él es, que con embarcarme con la necesidad dicha y el navío tan mal acondicionado, en dos meses y medio llegué al puerto de Valparaíso. Muy grande fue el alegría que se recibió en la ciudad de Santiago con la nueva de mi venida.

Dende a diez o doce días que llegué al puerto, llegó la galera que había dejado en los Reyes; estuve allí mes y medio esperando a Francisco de Villagra, mi teniente, que andaba en el valle de Coquimbo castigando los naturales; porque en tanto que yo estuve ausente de esta tierra, los indios de Copoyapo y de todos aquellos valles se habían juntado, y muerto más de cuarenta hombres y otros tantos caballos y a todos los vecinos de la ciudad de La Serena, quemándola y destruyéndola, estando ya en la tierra el capitán que envié delante desde el Cuzco, con los ochenta hombres. Y como supo de mi llegada, vino luego y me dio cuenta de lo que había hecho en la sustentación de la tierra en servicio de V. M., en mi ausencia, y los trabajos que había pasado por ello, que bien cierto soy no podrían dejar de haber sido hartos.

Luego me partí para la ciudad de Santiago; llegué a ella día de Corpus Christi; salióme a recibir el Cabildo, Justicia y Regimiento y todo el pueblo con mucho placer y alegría; presentéles las provisiones de V. M. por donde me hacía su gobernador y capitán general en estas provincias, y juntos en su cabildo, las obedecieron y cumplieron, y a mí por virtud de ellas por su gobernador y capitán general en su cesáreo nombre; pregonáronse en la plaza de la ciudad con la ceremonia y regocijo que convino y ellos pudieron.

Luego despaché un capitán a que tornase a poblar la ciudad de La Serena, e hice vecinos y fundé cabildo, justicia y regimiento, e hice castigar aquellos valles por las muertes de los cristianos y quema de la ciudad, y así están muy pacíficos sirviendo: poblóse a los 26 de agosto de 1549.

Hecho esto, despaché a los 9 de julio al dicho teniente Francisco de Villagra en una fragata, con treinta y seis mil castellanos que pude hallar entre amigos, a que me trajese algún socorro de gente y caballos, porque ya ternían más gana de salir las personas que en el Perú no tuviesen qué hacer, como hubiese capitán que los sacase; y para que diese cuenta al Presidente de cómo había hallado esta tierra en servicio de V. M., aunque con la pérdida de aquellos cristianos y ciudad, y cómo quedaba recibido y con tanto placer los vasallos de V. M. con mi tornada. Con él escribí a V. M., enviando mi carta al Presidente para que la encaminase con las suyas; era la data de 9 de julio de 1549 años.

También llegaron, de ahí a un mes que fui recibido en la ciudad de Santiago por gobernador, la gente que había enviado por tierra con mis tres capitanes, aunque no fue mucha, y me habían perdido en el viaje más de cien caballos.

Habiendo descansado la gente en Santiago mes y medio, determiné de tomar la reseña por saber la que había para la guerra, porque se aderezasen para entrar en la tierra por el mes de diciembre. Día de Nuestra Señora de Septiembre, bendita ella sea, salí a esto, y andando escaramuzando con la gente de caballo por el campo, cayó el caballo conmigo, y di tal golpe en el pie derecho, que me hice pedazos todos los huesos de los dedos de él, desechando la choquezuela del dedo pulgar y sacándomela toda a pedazos en el discurso de la cura. Estuve tres meses en la cama porque la tuve muy trabajosa, y se me recrecieron grandes accidentes, y tanto, que todos me tuvieron muchas veces por muerto; si sentían o no los vasallos de V. M. y cabildo la falta que hiciera en su cesáreo servicio y en el beneficio de todos, ellos se lo saben y darán testimonio, si les pareciere convenir a lo dicho.

Principio de diciembre me comencé a levantar de la cama para solo asentarme en una silla, que en pie no me podía tener. En esto llegaron las fiestas de Navidad; viendo que si no partía a la población de esta ciudad de la Concepción y conquista de esta tierra, por entonces que las comidas estaban en el campo y se comenzaban a coger, había de dilatar la población para otro año, porque no convenía entrar en invierno, que comienza en esta tierra por abril; y por tener fechas casas para nos meter en aquellos dos o tres meses que podíamos tener de tiempo, aun no convalecido, contra la voluntad de todo el pueblo, porque vieron no poderme sostener por ninguna vía sobre el pie ni subir a caballo, me hice llevar en una silla a indios, y así partí de Santiago con doscientos hombres de pie y caballo. Tardé, hasta pasar de los límites que están repartidos a Santiago, veinte días, en los cuales ya yo venía algo recio y podía andar a caballo. Pongo en orden mi gente, caminando todos juntos, dejando bien proveída siempre la rezaga, y nuestro servicio y bagaje en medio, y una veces yendo yo, y otras mi teniente, y otras el maestre de campo y otros capitanes, cada día con treinta o cuarenta de caballo delante, descubriendo y corriendo la tierra y viendo la disposición de ella y donde habíamos de dormir, dando guazábaras a los indios que nos salían al camino, y siempre hallábamos quien nos defendía la pasada.

Sacra Majestad, procederé en mi relación y conquista, advirtiendo primero, aunque en ello no me alargo, cómo llevaba delante la instrucción que se me dio en su cesáreo nombre y el requerimiento que manda V. M. se haga a los naturales, primero que se les comience la guerra y de todo estaban avisados los señores de esta tierra, y yo cada día obraba en este caso lo que en cumplimiento de estos mandamientos soy obligado y convenía.

Pasado el río de Itata, que es cuarenta leguas de la ciudad de Santiago, y donde se acaban los límites y jurisdicción de ella, caminé hasta treinta leguas, apartado catorce o quince de la costa, y pasé un río de dos tiros de arcabuz en ancho, que iba muy lento y sesgo y daba a los estribos a los caballos, que se llama Nibequeten, que entra en el de Buybíu cinco leguas antes de la mar; a la pasada de él, mi maestre de campo desbarató hasta dos mil indios yendo aquel día delante, y tomó dos o tres caciques.

Pasado este río llegué al de Buybíu, a los veinticuatro de enero de este presente año de quinientos cincuenta. Estando aderezando balsas para le pasar, que porque era muy cenagoso, ancho y fondo, no se podía ir a caballo, llegó gran cantidad de indios a me lo defender, y aun pasaron de esta otra parte, fiándose en la multitud a me ofender. Fue Dios servido que los desbaraté a la ribera de él, y matáronse diez o doce, y échanse al río y dan a huir.

Por no aventurar algún caballo, fuime río arriba a buscar mejor paso: dende a dos leguas parece gran multitud de indios por donde íbamos; da el capitán Alderete en ellos con veinte de caballo, y échanse al río y él con los de caballo tras ellos. Como vi esto, envié otros treinta de caballo a que le hiciesen espaldas, porque habían parecido más de veinte mil indios de la otra banda; pasaron y ahogóse un muy buen soldado, porque llevaba un caballo atraidorado; mataron gran cantidad de indios, y dieron la vuelta a la tarde con más de mil cabezas de ovejas, con que se regocijó toda la gente, que, en fin, el soldado, como no muera de hambre, loor es morir peleando. Caminé otras dos o tres leguas el río arriba y asenté allí; tercera vez vinieron más cantidad de indios a me defender el paso; ya por allí, aunque daba encima los bastos a los caballos, era pedregal menudo; pasé a ellos con cincuenta de caballo y diles una muy buena mano; quedaron tendidos hartos por aquellos llenos y fuimos matando una legua y más, y recogíme a la tarde.

Otro día torné a pasar el río con cincuenta de caballo, dejando el campo de esta otra banda, y corrí dos días hacia la mar, que era encima del paraje de Arauco, donde topé tanta población, que era grima; y di luego la vuelta, porque no me atreví a estar más fuera de mi campo, porque no recibiese daño con mi ausencia.

Ocho días holgué allí, corriendo siempre a un cabo y a otro, tomando ganado para nos sustentar en donde hubiésemos de asentar, y así hice levantar el campo. Torné a pasar el río de Nibequeten, y fui hacia la costa por el de Buybíu abajo; asenté media legua de él, en un valle, cabe unas lagunas de agua dulce, para de allí buscar la mejor comarca. Estuve allí dos días mirando sitios, no descuidándome en la guarda, que la mitad velábamos la media noche, y la otra la otra media. La segunda noche, en rendiendo la primera vela, vinieron sobre nosotros gran cantidad de indios, que pasaban de veinte mil; acometiéronnos por la una parte, porque la laguna nos defendía de la otra, tres escuadrones bien grandes con tan gran ímpetu y alarido, que parecían hundir la tierra, y comenzaron a pelear de tal manera, que prometo mi fe, que ha treinta años que sirvo a V. M. y he peleado contra muchas naciones, y nunca tal tesón de gente he visto jamás en el pelear, como estos indios tuvieron contra nosotros, que en espacio de tres horas no podía entrar con ciento de caballo al un escuadrón, y ya que entrábamos algunas veces, era tanta la gente de armas enastadas y mazas, que no podían los cristianos hacer a sus caballos arrostrar a los indios. Y de esta manera peleamos el tiempo que tengo dicho, y viendo que los caballos no se podían meter entre los indios, arremetían la gente de pie a ellos. Y como fui dentro en su escuadrón y los comenzamos a herir, sintiendo entre sí las espadas, que no andaban perezosas, y la mala obra que les hacían, se desbarataron. Hiriéronme sesenta caballos y otros tantos cristianos, de flechazos y botes de lanza, aunque los unos y otros no podían estar mejor armados, y no murió sino solo un caballo a cabo de ocho días, y un soldado que disparando otro a tino un arcabuz, le mató; y en lo que quedó de la noche y otro día no se entendió sino en curar hombres y caballos. Y yo fui a mirar donde había los años pasados determinado de poblar, que es legua y media más atrás del río grande que digo de Buybíu, en un puerto y bahía el mejor que hay en Indias, y un río grande por un cabo que entra en la mar, de la mejor pesquería del mundo, de mucha sardina, céfalos, tuninas, merluzas, lampreas, lenguados y otros mil géneros de pescados, y por la otra otro riachuelo pequeño, que corre todo el año, de muy delgada y clara agua

Pasé aquí el campo a veinte y tres de febrero, por socorrerme de la galera y un galeoncete que me traía el capitán Juan Bautista de Pastene, mi teniente general de la mar, que venía corriendo la costa, y le mandé me buscase por el paraje de este río. Otro día por la mañana comencé a entender en hacer una cerca, de donde pudiésemos salir a pelear cuando nosotros quisiésemos y no cuando los indios nos solicitasen, de muy gruesos árboles, hincados y tejidos como seto, y una cava bien ancha y honda a la redonda; y por dar algún descanso a los conquistadores en lo de las velas, porque hasta allí había sido en extremo trabajoso el velar, por ser siempre armados y cada noche, por no tener que guardar servicio, enfermos ni heridos; el cual hicimos a fuerza de brazos, dentro de ocho días, tan bueno y fuerte, que se puede defender a la más escogida nación y guerrera del mundo. Acabado de hacer, nos metimos todos dentro y repartí los alojamientos y estancias a cada uno, que tomamos sitio conveniente para ello a los tres días de marzo del dicho año de quinientos cincuenta.

Nueve días adelante, que fueron doce del dicho mes, habiendo tenido nueva tres días antes cómo toda la tierra estaba junta y venían sobre nosotros infinitísima cantidad de indios, que por no los haber podido ir a buscar por fortificarnos, estábamos de cada día esperando aquellos toros; y en esto, a hora de vísperas, se nos representaron a vista de nuestro fuerte por unas lomas más de cuarenta mil indios, quedando atrás, que no se pudieron mostrar, más de otros tantos. Venían en extremo muy desvergonzados, en cuatro escuadrones, de la gente más lúcida y bien dispuesta de indios que se ha visto en estas partes, y más bien armada de pescuezos de carneros y ovejas y cueros de lobos marinos, crudíos, de infinitas colores, que era en extremo cosa muy vistosa, y grandes penachos, todos con celadas de aquellos cueros, a manera de bonetes grandes de clérigos, que no hay hacha de armas, por acerada que sea, que haga daño al que las trajere, con mucha flechería y lanzas a veinte y a veinte y cinco palmos, y mazas y garrotes; no pelean con piedras.

Viendo que los indios venían a darnos por cuatro partes, y que los escuadrones no se podían socorrer unos a otros, porque pensaban sitiarnos y ponernos campo sobre el frente, mandé salir por una puerta al capitán Jerónimo de Alderete con cincuenta de caballo, que rompiese por un escuadrón que venía a dar en la misma puerta y estaba de ella un tiro de arcabuz. Y no fueron llegados los de caballo, cuando los indios dieron lado y vuelven las espaldas, y los otros tres escuadrones, viendo rotos éstos, hacen lo mismo, secutándose hasta la noche. Matáronse hasta mil y quinientos o dos mil indios y alanceáronse otros muchos y prendiéronse algunos, de los cuales mandé cortar hasta doscientos las manos y narices, en rebeldía de que muchas veces les había enviado mensajeros y hécholes los requerimientos que V. M. manda. Después de hecha justicia, estando todos juntos, les torné a hablar, porque había entre ellos algunos caciques e indios principales, y les dije y declaré cómo aquello se hacía porque los había enviado muchas veces a llamar y requerir con la paz, diciéndoles a lo que V. M. me enviaba a esta tierra, y habían recibido el mensaje y no cumplido lo que les mandaba, y lo que más me pareció convenir en cumplimiento de los mandamientos de V. M. y satisfacción de su real conciencia; y así los envié.

Luego hice recoger la comida que había en la comarca y meterla en nuestro fuerte, y comencé a correr la tierra y a conquistarla; y tan buena maña me he dado, con el ayuda de Dios y de Nuestra Señora y del Apóstol Santiago, que se han mostrado favorables y a vista de los indios naturales en esta jornada, como se dirá adelante, que en cuatro meses traje de paz toda la tierra que ha de servir a la ciudad que aquí he poblado.

Certifico a V. M. que después que las Indias se comenzaron a descubrir, hasta hoy, no se ha descubierto tal tierra a V. M.: es más poblada que la Nueva España, muy sana, fertilísima y apacible, de muy lindo temple, riquísima de minas de oro, que en ninguna parte se ha dado cata que no se saque, abundante de gente, ganado y mantenimiento, gran noticia, muy cerca, de cantidad de oro sobre la tierra, y en ella no hay otra falta sino es de españoles y caballos. Es muy llana, y lo que no lo es, unas costezuelas apacibles; de mucha madera y muy linda. Es tan poblada, que no hay animal salvaje entre la gente, de raposo, lobo y otras sabandijas de esta calidad, y si las hay, les conviene ser domésticas, porque no tienen dónde criar sus hijos si no es entre las casas de los indios y sus sementeras. Tengo esperanza en Nuestro Señor de dar en nombre de V. M. de comer en ella a más conquistadores que se dio en Nueva España y Perú; digo que haré más repartimientos que hay en ambas partes y que cada uno tenga muy largo y conforme a sus servicios y calidad de persona. Y parece nuestro Dios quererse servir de su perpetuación para que sea su culto divino en ella honrado y salga el diablo de donde ha sido venerado tanto tiempo; pues según dicen los indios naturales, que el día que vinieron sobre este nuestro fuerte, al tiempo que los de a caballo arremetieron con ellos cayó en medio de sus escuadrones un hombre viejo en un caballo blanco, y les dijo: «Huid todos, que os matarán estos cristianos» y que fue tanto el espanto que cobraron, que dieron a huir. Dijeron más: que tres días antes, pasando el río de Buybíu para venir sobre nosotros, cayó una cometa entre ellos, un sábado a medio día, y de este fuerte donde estábamos la vieron muchos cristianos ir para allá con muy mayor resplandor que otras cometas salir, y que, caída, salió de ella una señora muy hermosa, vestida también de blanco, y que les dijo: «Serví a los cristianos, y no vais contra ellos, porque son muy valientes y os matarán a todos.» Y como se fue de entre ellos, vino el diablo, su patrón, y los acaudilló, diciéndoles que se juntasen muy gran multitud de gente, y que él vernía con ellos, porque en viendo nosotros tantos juntos, nos caeríamos muertos de miedo; y así siguieron su jornada. Llámannos a nosotros ingas, y a nuestros caballos hueque ingas, que quiere decir ovejas de ingas.

Ocho días después que desbaratamos los indios en este fuerte, llegó el capitán y piloto Juan Bautista con el armada, con que nos regocijamos mucho y los indios anduvieron muy mustios. Luego la envié a Arauco a que cargase de maíz, y al capitán Jerónimo de Alderete, con sesenta de caballo, por tierra, a que le hiciese espaldas. Fueron, y trajeron buen recaudo, y cargaron en una isla, diez leguas de aquí, y salieron de paz los de la isla, y vieron la cosa más próspera que hay en Indias, y asientos milagrosos para fundar una ciudad mayor que Sevilla: trajéronme indios de Aratico, y dijeron que querían venir a servir.

Dende a cuatro meses, torné, a enviar al mismo capitán y piloto con el armada, a que envíe mensajeros de los indios que tomase en la isla donde saltó la primera vez que dejo de paz, a los caciques de la comarca en tierra firme donde saltase y de las islas que topase, diciéndoles que viniesen de paz a donde yo estoy, y si no enviar a que los maten y a que trajesen más comida, que toda era menester pasó a otra isla que estaba veinte leguas adelante, donde cargó de comida; era grande y de población; ha un mes que volvió. Torné a enviar tercera vez el armado, diez días por más comida y a que corran la tierra por aquella costa, porque vengan; porque me envían a decir los indios que no quieren venir, pues no imos allá.

Viendo yo cómo los caciques de esta comarca han ya venido de paz y sirven con sus indios, poblé en este asiento y fuerte una ciudad, y nombréla de la Concepción del Nuevo Extremo. Formé cabildo, justicia y regimiento, y puse árbol de justicia a los cinco días del mes de octubre de quinientos y cincuenta y señalé vecinos, y repartí los caciques entre ellos, y así viven contentos, bendito Dios.

Heme aventurado a gastar y adeudarme tan largo, y ahora comienzo de nuevo, porque tengo gran tierra de buena entre las manos. Y tenga V. M. entendido que lo que fue de próspera la del Perú al principio a los descubridores y conquistadores de ella, ha sido y es trabajosa ésta hasta ahora y hasta tanto que se asiente; porque después, yo fiador, que sea a los de acá de harto más descanso que la dicha. Y lo que principalmente yo deseo es poblar cosa tan buena por el servicio que se hace a Dios en la conversión de esta gente y a V M. en el acrecentamiento de su Real Corona, que éste es el interese principal mío, y no en buscar, agonizando por ello, para comprar mayorazgos; porque de este metal con su ayuda, asentada y pacífica la tierra, habrá en abundancia, y todo lo demás que la en demasía fértil, puede producir para el descanso del vivir.

Yo certifico a V. M. que, a no haber sucedido las cosas en el Perú después que Vaca de Castro vino a él de tan mala disistión, que según la diligencia y maña que me he dado en hacer la guerra a los indios y enviar por socorros, con el oro que he gastado me persuado hubiera descubierto, conquistado y poblado hasta el Estrecho de Magallanes y Mar del Norte; aunque las doscientas leguas o poco más es de tanta gente, que hay más que yerbas, y tuviera dos mil hombres más en la tierra para lo poder haber efectuado, dejando los demás para la guarda de ellas. El fruto que de los trabajos que aquí significo que he pasado, servicios y gastos que he hecho ha surtido, es la pacificación y sosiego de las provincias del Perú y el haber poblado en éstas de la Nueva Extremadura las ciudades de Santiago, La Serena y esta de la Concepción, y tener quinientos hombres en esta gobernación, para pasar con los trescientos y con las yeguas y caballos mejores que hubiere, a poblar otra ciudad, de aquí a cuatro meses, con el ayuda de Nuestro Dios y en la ventura de V. M., treinta leguas de aquí en la grosedad de la tierra y asiento visto bueno de Arauco.

Prometo mi fe y palabra a V. M. que desde los trece de diciembre del año de quinientos y cuarenta y siete, que partí del puerto de Valparaíso, hasta que volví a él por el mayo de quinientos y cuarenta y nueve que fueron diez y siete meses, gasté en oro y plata en servicio de V. M. ciento y ochenta y seis mil y quinientos castellanos, sin pesadumbre ninguna; y gastara un millón de ellos, siendo menester para tal efecto, si los tuviera o hallara prestados, con consentir echarme un hierro por la paga de ellos. Y esta manera de servir a V. M. me mostraron mis padres y deprendí yo de los generales de V. M., a quien he seguido en la profesión que he hecho de la guerra.

Asimismo doy fe a V. M. que he gastado en beneficio de esta tierra, después que emprendí la jornada hasta el día de hoy, por su sustentación y perpetuación, dejando fuera de esto, como dejo, el gasto que se ha fecho con mi persona, casa y criados, doscientos y noventa y siete mil castellanos, en caballos y armas y ropa y herraje que he repartido a conquistadores para que se ayudasen a pasar la vida y servir, sin tener acción a demandar a ninguno un tan solo peso de oro, ni más, ni escritura de ello; que cuando me den algún vado las ocupaciones tan grandes que al presente tengo por conquistar y poblar, que es de más importancia, enviaré probanza por donde conste claramente ser verdad esto.

Sacra Majestad: en las provisiones que me dio y merced que me hizo por virtud de su real poder que para ello trajo el Licenciado de la Gasca, me señaló de límites de gobernación hasta cuarenta y un grados de norte sur, costa adelante, y cien leguas de ancho oeste leste; y porque de allí al Estrecho de Magallanes es la tierra que puede haber poblado poca, y a la persona a quien se diese, antes estorbaría que serviría, y yo la voy toda poblando y repartiendo a los vasallos de V. M. y conquistadores de aquélla, muy humillmente suplico sea servido de mandarme confirmar lo dado y de nuevo hacerme merced de me alargar los límites de ella, y que sean hasta el Estrecho dicho, la costa en la mano, y la tierra adentro hasta la Mar del Norte. Y la razón porque lo pido es porque tenemos noticia que la costa del Río de la Plata, desde cuarenta grados hasta la boca del Estrecho, es despoblada y temo va ensagostando mucho la tierra, porque cuando envié al piloto Juan Bautista de Pastene, mi teniente general en la mar, al descubrimiento de la costa hacia el Estrecho, rigiéndose por las cartas de marear que de España tenía imprimidas, hallándose en cuarenta y un grados estuvo a punto de perderse; por do se ve que las cartas que se hacen en España están erradas en cuanto al Estrecho de Magallanes, andando en su demanda, en gran cantidad, y porque no se ha sabido la médula cierta, no envío relación de ello hasta que la haga correr toda, porque se corrija en esto el error de las dichas cartas para que los navíos que a estas partes vinieren enderezados no vengan en peligro de perderse. Y este error no consiste, como estoy informado, en los grados de norte sur, que es la demanda del dicho Estrecho, sino de leste y oeste. Y no pido esta merced al fin que otras personas de abarcar mucha tierra, pues para la mía siete pies le bastan, y la que a mis sucesores hubiere de quedar para que en ellos dure mi memoria será la parte que V. M. se servirá de me hacer merced por mis pequeños servicios, que por pequeña que sea, la estimaré en lo que debo; que solo por el efecto que la pido es para más servir y trabajar, y como la vea o tenga cierta relación, la enviaré particular y darla he a V. M., para que, si fuere servido partirla y darla en dos o más gobernaciones, se haga.

Asimismo suplico a V. M. sea servido de me mandar confirmar la dicha gobernación, como la tengo, por mi vida, y hacerme merced de nuevo de ella por vida de dos herederos, sucesivos, o de las personas que yo señalare, para que después de mis días la hayan y tengan como yo.

Asimismo suplico a V. M. sea servido de me mandar confirmar y hacer de nuevo merced del oficio de alguacil mayor de la dicha gobernación, perpetuo para mí y mis herederos.

Asimismo suplico a V. M. sea servido de me hacer merced de las escribanías públicas y del cabildo de las ciudades, villas y lugares que yo poblare en esta gobernación y si V. M. tiene hecha alguna merced de ellas, a aquélla suplico la mía siga, expirando la primera.

Asimismo, si mis servicios fueren acebtos a V. M. en todo o en parte, pues la voluntad con que yo he hecho los de hasta aquí y deseo hacer en lo porvenir es del más humilde y leal criado, súbdito y vasallo de su cesárea persona que se puede hallar, a aquella muy humillmente suplico, en remuneración de ellos, sea servido de me hacer merced de la ochava parte de la tierra que tengo conquistada, poblada y descubierta, descubriere, conquistare y poblare, andando el tiempo, perpetua, para mí y para mis descendientes, y que la pueda tomar en la parte que me pareciere, con el título que V. M. fuere servido de me hacer merced con ella.

Asimismo suplico a V. M. por la confirmación de la merced de que pueda nombrar tres regidores perpetuos en cada uno de los pueblos que poblare en nombre de V. M. en esta gobernación, y de nuevo me haga merced de que los tales regidores por mí nombrados no tengan necesidad de ir por la confirmación al Consejo Real de Indias, a causa del gasto que se les podría recrecer en el enviar y daño que podían recibir en el ir, por el largo y trabajoso viaje.

Asimismo suplico a V. M., atento los grandes gastos que en lo porvenir se me han de recrecer, porque no tengo hasta el día de hoy diez mil pesos de provecho, y son más de cien mil, por lo menos, los que gastaré en cada un año, para me prevenir en algo para ellos, sea servido de me hacer merced y dar licencia para que pueda meter en esta gobernación hasta el número de dos mil negros, de España o de las islas de Cabo Verde, o de otras partes, libres de todos derechos reales, y que nadie pueda meter de dos esclavos arriba en esta dicha gobernación sin mi licencia, hasta tanto que tenga cumplida la suma dicha.

Asimismo suplico a V. M. que, atentos los gastos tan excesivos que he hecho después que emprendí esta jornada, por el descubrimiento, conquista, población, sustentación y perpetuación de estas provincias, y los que se me recrecieron cuando fui a servir contra la rebelión de Gonzalo Pizarro, como parece por los capítulos de esta mi carta, sea servido de me mandar hacer merced y suelta de las escrituras mías que están en las Cajas Reales de la ciudad de los Reyes y de la de Santiago, que son de la cantidad siguiente: una de cincuenta mil pesos que yo tomé en oro de la Caja de V. M. de la ciudad de Santiago, cuando fui a servir al Perú como es dicho, y otra escritura que hice a los Oficiales de la ciudad de los Reyes, del galeón y galera que me vendieron de V. M., y comida que me dieron en el puerto de Arica para proveer la gente que traje a estas partes, de cantidad de treinta mil pesos; y más treinta y ocho mil pesos que debo por otras escrituras a un Calderón de la Barca, criado que fue de Vaca de Castro, los cuales debo de resta de sesenta mil pesos que tomé de la hacienda que se trajo acá del dicho Vaca de Castro, en el navío del piloto y capitán Juan Bautista de Pastene, para remedio de la gente que en esta tierra estaba sirviendo a V. M., como está dicho, que por haber sido de Vaca de Castro, es ya de V. M., que montan estas tres partidas dichas ciento diez y ocho mil pesos de oro: de esto suplico a V. M., como tengo suplicado, me haga merced y suelta.

Asimismo suplico a V. M. sea servido se me haga otra nueva merced de mandar sea socorrido con otros cien mil pesos de la Caja de V. M. para ayudarme en parte a los grandes gastos que de cada día se me ofrecen, porque mi teniente Francisco de Villagra aún no es vuelto con el socorro por que le envié, y ya despacho otro capitán, que parte con los mensajeros que llevan esta carta, con más cantidad de dinero al Perú a que me haga más gente; y como el teniente llegue, irá otro, y así ha de ser hasta en tanto que se efectúe mi buen deseo en el servicio de V. M.

Asimismo suplico a V. M. que por cuanto esta tierra es poderosa de gente y belicosa y la población de ella es a la costa, que para la guardia de sus reales vasallos sea servido de me dar licencia que pueda fundar tres o cuatro fortalezas en las partes que a mí me pareciese convenir desde aquí al Estrecho de Magallanes y que pueda señalar a cada una de ellas para las edificar y sustentar el número de naturales que me pareciere, y darles tierras convenientes como a los conquistadores para su sustentación, las cuales dichas fortalezas V. M. sea servido de me las dar en tenencia para mí y mis herederos, con salario en cada un año, cada fortaleza, de un cuento de maravedís.

Asimismo suplico a V. M. sea servido, atento que la tierra es tan costosa y lejos de nuestras Españas, de me hacer merced y señalar diez mil pesos de salario y ayuda de costa en cada un año.

Sacra Majestad, yo envío por mensajeros con estos despachos y carta, al reverendo padre, bachiller en teología, Rodrigo González, clérigo y presbítero, y a Alonso de Aguilera, a dar cuenta a V. M. y señores de su Real Consejo de Indias de mis pequeños servicios hechos en estas partes y de la voluntad tan grande que me queda de hacerlos muy más señalados en servicio de nuestro Dios y de V. M., dispensando Él por su infinita misericordia de que yo sea instrumento para los de adelante, como lo he sido para los de hasta aquí; con poder bastante para pedir mercedes de mi parte y sacar las provisiones y cédulas de las que V. M. será servido de me hacer y acostumbra dispensar con sus súbditos y vasallos que bien y lealmente sirven, como yo siempre lo he hecho y haré durante la vida; y las instrucciones que se me hubieren de enviar, para que sepa en lo que tengo de servir, por no errar en nada, porque mi deseo es tener claridad en todo, para mejor saber acertar.

El reverendo padre Rodrigo González es natural de la villa de Costantina y hermano de don Diego de Carmona, deán de la Santa Iglesia de Sevilla; vino conmigo al tiempo que yo emprendí esta jornada, habiendo salido pocos días antes de otra muy trabajosa y peligrosa, por servir a V. M., que hizo el capitán Pedro de Candía en los Chunchos, donde murieron muchos cristianos y gran cantidad de los naturales del Perú que llevaron de servicio y con sus cargas, de hambre; y los que salieron, tuvieron bien que hacer en convalecer y tornar en sí por grandes días. En lo que se ha empleado este reverendo padre en estas partes es en el servicio de nuestro Dios y honra de sus iglesias y culto divino, y principalmente en el de V. M.; en esto y con su religiosa vida y costumbres en su oficio de sacerdocio administrando los sacramentos a los vasallos de V. M., poniendo en esto toda su eficacia, teniéndolo por su principal interese y riqueza. Ciertas cabezas de yeguas que metió en la tierra con grandes trabajos, multiplicándoselas Dios en cantidad por sus buenas obras, que es la hacienda que más ha aprovechado y aprovecha para el descubrimiento, conquista, población y perpetuación de estas partes, las ha dado y vendido a los conquistadores para este efecto. Y el oro que ha habido de ellas, siempre que lo he habido menester para el servicio de V M. y para me ayudar a enviar por los socorros dichos para el beneficio de estas provincias, me lo ha dado y prestado, con tan buena voluntad como si no me diera nada; porque su fin ha siempre sido y es en lo espiritual, como buen sacerdote, ganar ánimas para el cielo de los naturales, y animar a los cristianos a que no pierdan las suyas por sus codicias, sembrando siempre entre ellos, paz y amor que el Hijo de Dios encargó a sus discípulos cuando se partió de este mundo, y en lo temporal, como buen vasallo de V. M., ayudar a engrandecer su Corona Real viribus et posse. La conclusión es en este caso, que después de haber hecho el fruto dicho, por verse tan trabajado y viejo, ha determinado de se ir a morir a España y besar primero las manos a V. M., siendo Dios servido de le dejar llegar en salvamiento ante su cesáreo acatamiento, y darle razón de todo lo de estas partes, que como tan buen testigo de vista, la podrá dar como yo. Y por más servir y ver cómo estaban las ovejas que él había administrado, cuando vine a la población y conquista de esta ciudad de la Concepción, habiéndole dejado por su ancianidad en la ciudad de Santiago, se metió a la ventura en un pequeño bajel y vino aquí a nos animar y refocilar a todos en el amor y servicio de nuestros Dios; y hecha esta romería, dio la vuelta a la dicha ciudad a hacer en ella su oficio. Yo le despacho de esta ciudad de la Concepción, porque por mi ocupación y su vejez no nos podemos ver a la despedida, y por las causas dichas y fruto que hemos cogido de las buenas obras y santas doctrinas que entre nosotros ha sembrado en todo este tiempo, todos los vasallos de V. M. lloramos su ausencia y terníamos necesidad en estas partes de un tal prelado. De parte de todos los vasallos de V. M. que acá estábamos y le conocemos, que poder me han dado para ello, y de la mía, como el más humilde súbdito y vasallo de su cesáreo servicio, suplicamos muy humillmente a V. M. sea servido, llegado que sea en su Real presencia, le mande vuelva a estas partes a le servir, mandándole nombrar a la dignidad episcopal de estas provincias, haciéndole merced de su real cédula, para que, presentada en el consistorio apostólico, nuestro muy Santo Padre le provea de ella, porque yo quedo tan satisfecho, según el celo suyo, que verná a tomar este trabajo solo por servir a nuestro Dios, mandándoselo V. M. o los señores de su Real Consejo de Indias, diciendo convenir así a su cesáreo servicio y conversión de estos naturales: que por el amor particular que a éste tiene, sé yo obedecerá y cumplirá hasta la muerte, y no de otra manera. Y si acaso estuviese proveído alguna persona del obispado de Chili, puédele V. M. nombrar para el obispado de Arauco y ciudad que poblare en aquella provincia. Y aunque dice San Pablo: qui episcopatum desiderat, bonum opus desiderat, doy mi fe y palabra a V. M. que sé yo que no la ama, aunque el oficio, que suelen usar los que le alcanzan, se ha empleado en él como buen caballero de Jesucristo. El Padre me ha solicitado a su despacho; el Cabildo y pueblo de aquella ciudad de Santiago me escriben que se han echado a sus pies, rogándole de parte de Dios y de V. M. no los deje, poniéndole por delante los trabajos del camino y su ancianidad: podrá ser que, movido por los ruegos de tantos hijos, él como buen padre los quiera complacer y deje la ida, que yo no lo podré saber tan presto. A V. M. suplico otra y muchas veces que, vaya o no, se nos haga la merced de dárnosle por perlado, pues la persona que V. M. y los señores de su Real Consejo con tanta voluntad han de mandar buscar por los claustros y conventos de sus reinos y señoríos para tales efectos, que sea de buena vida y costumbres, aquí la tienen hallada, y que haga más fruto con sus letras, predicación y experiencia que tiene de estas partes que todos los religiosos que de allá podrían venir, y así lo certifico yo a V. M.

Alonso de Aguilera es natural de la villa de Porcuna, tenido y estimado por hijodalgo, y dotado de toda virtud y bondad, vino a esta tierra a servir a V. M., y en mi demanda, por ser de mi sangre: llegó al tiempo que estaba en este fuerte, donde poblé esta ciudad de la Concepción, defendiéndome de los indios naturales y haciéndoles la guerra: ha ayudado a la conquista de ellos. Y aunque su voluntad era perseverar aquí sirviendo, poniéndole delante lo que conviene al servicio de V M. que una persona de su profesión y jaez vaya a llevar la razón de mí y relación que puedo dar al presente de esta tierra, porque sé que dándole Dios vida, no se aislará como los mensajeros de hasta aquí, por tener el toque de su persona hartos más subidos quilates en obras y palabras que ellos, le envío a lo dicho y a que ponga en orden mi casa, entretanto que voy a poblar en Arauco, y despacho de allí al capitán Jerónimo de Alderete, criado de V. M. y mi lugarteniente de capitán general en esta conquista, con la descripción de la tierra y relación de toda ella y probanza auténtica de testigos fidedignos de todos los servicios por mí hechos a V. M. y gastos que he gastado y deudas que debo por los hacer y poco provecho que hasta el día de hoy he habido de la tierra, y lo mucho que se me ofrece de gastar hasta que se acabe de pacificar y asentar; y llevará el duplicado que ahora envío con estos mensajeros dichos. Y para que me traiga a mi mujer y trasplantar en estas partes la casa de Valdivia, para que V. M., como monarca tan cristianísimo, rey y señor nuestro natural, sea servido ilustrarla con mercedes, mediante los servicios por mí hechos a su cesárea persona, y estar en la mano en convertirse tan populantísimas provincias a nuestra santa fe católica, y el acrecentamiento de su patrimonio y Corona Real. Y en lo demás me remito a los mensajeros, los cuales suplica a V. M. sea servido de les mandar dar el crédito que a mi misma persona, porque la confianza que tengo de las suyas me asegura en todo harán lo que al servicio de V. M. conviniere y a mi contento; y despacharlos de la manera que yo me persuado que es, que en todo, ellos y yo, recibiremos las mercedes que pido, porque pueda tener contento, que no será pequeño para mí en ver carta de V. M. por donde sepa se tiene por servido de los servicios por mí fechos en esta tierra, animándome para más servir.

Sacra, Cesárea, Católica Majestad, Nuestro Señor por largos tiempos guarde la sacratísima persona de V. M., con aumento de mayores reinos y señoríos.

De esta ciudad de la Concepción del Nuevo Extremo, a 15 de octubre de 1550.

S. C. C. M.

El más humilde súbdito, criado y vasallo de V. M., que sus sacratísimos pies y manos besa.

Pedro de Valdivia.

Al emperador Carlos V. Concepción, 25 de septiembre de 1551

S. C. C. M.:

Habiendo poblado esta ciudad de la Concepción del Nuevo Extremo a los cinco de octubre del año pasado de quinientos y cincuenta, y formado cabildo y repartido indios a los conquistadores que habían de ser vecinos en ella, despaché a V. M. desde a diez días, que fue a los quince, a Alonso de Aguilera, y di cuenta en mis cartas de lo que hasta entonces la podía dar y me pareció convenía supiese V. M., como por ella se habrá visto, si Dios fue servido llevar al mensajero ante su cesáreo acatamiento. Y en defecto de no haber llegado allí, que si muerte no, otro inconveniente soy cierto no le estorbaría de seguir su viaje y hacer en él lo que es obligado al servicio de V. M., envío con ésta el duplicado de lo que con él escribí, para que por una vía o otra V. M. sea sabedor de lo que en estas partes yo he hecho en la honra de nuestro Dios y de su santísima fe y creencia y en acrecentamiento del patrimonio y rentas reales de V. M.

Partido Alonso de Aguilera, me detuve en esta ciudad cuatro meses, en los cuales hice un fuerte de adobes, de mío de dos estados en alto y vara y media de ancho, donde pudiesen quedar seguros hasta cincuenta vecinos y conquistadores, que los veinte eran de caballo, que dejaba para la sustentación de esta dicha ciudad, en tanto que con ciento y setenta, los ciento y veinte de caballo, pasaba yo delante a poblar otra ciudad en la parte que me pareciese a propósito. Y hecho el fuerte, mediado febrero de este presente año de quinientos y cincuenta y uno, pasé el gran río Buybíu con la gente dicha, y llegué hasta treinta leguas adelante de esta ciudad de la Concepción, hacia el Estrecho de Magallanes, a otro río poderoso, llamado en lengua de esta tierra Cabtem, que es como Guadalquivir y harto más apacible y de un agua clara como cristal y corre por una vega fertilísima. Andando mirando la tierra y costa, llamando de paz los naturales para darles a entender a lo que veníamos y lo que V. M. manda se haga en su beneficio, que viniesen en conocimiento de nuestra santísima fe y a devoción de V M., y buscando sitio, topé uno muy a propósito, cuatro leguas de la costa el río arriba, donde asenté. Hice un fuerte en diez o doce días, harto mejor que el que había hecho en esta ciudad al principio, aunque fue cual convenía a la sazón y era menester, porque me convino hacerlo así, atento la gran cantidad que había de indios, y por ésta tener necesidad de nuestra buena guardia. Poblado allí, puse nombre a la ciudad La Imperial; en esto y en correr la comarca y hacer la guerra a los indios para que nos viniesen a servir y en tomar información para repartir los caciques entre los conquistadores, me detuve mes y medio.

Vínome luego, de golpe toda la tierra de paz, y fue la principal causa, después de Dios y su bendita Madre, el castigo que hice en los indios cuando vinieron de guerra sobre nosotros, al tiempo que poblé esta ciudad de la Concepción, y los que se mataron en la batalla que les di, así aquel día, como en las que les había dado antes.

Luego repartí todos los caciques que hay del río para acá, sin dar ninguno de los de la otra parte por sus lebos, cada uno de su nombre, que son como apellidos y por donde los indios reconocen la sujeción a sus superiores, entre ciento y veinte y cinco conquistadores y les repartí los lebos e indios de ellos de dos leguas a la redonda para el servicio de casa. Y dejándolos así con un capitán, hasta que, visitada bien la tierra, se hiciese el repartimiento y se diesen las cédulas a los vecinos que allí conviniese y pudiese darles su retribución, a cuatro de abril di la vuelta a esta ciudad de la Concepción, por invernar en ella y reformarla, por tener ya entera relación de los caciques que habían de servir a los vecinos y esperar dos navíos que venían del Perú con cosas necesarias para esta tierra, que por estar aquí muy buen puerto, sabía habían de subir a él, y por despacharlos. Y así dejo en esta ciudad hasta el número de cuarenta vecinos, y dádoles a todos sus cédulas y señalados sus solares, chacarras y peonías, y lo que demás se acostumbra darles en nombre de V. M.; y lo he hecho todo en este invierno, que no ha sido poco. Y despachado los navíos, y con ellos esta carta para V. M. con el duplicado que digo, y al Perú para que venga toda la gente que quisiere a tan próspera tierra; y hecho esto, me parto de aquí a ocho días, con el ayuda de Dios, a visitar toda la que se ha de repartir a los vecinos que se han de quedar en la ciudad Imperial, y castigar a algunos caciques que no quieren servir. Y tomada la relación, les daré sus cédulas, como he hecho aquí, y dejaré reformada aquella ciudad, por estar a punto para, en llegando el mes de enero del año que viene de quinientos y cincuenta y dos, pasar con la gente que pudiere —porque ya me han venido con estos navíos casi cien hombres, y remediádose muchos de potros, que ya hay en la tierra, y yeguas—, otras veinte leguas adelante, hasta otro río que se llama de Valdivia, y le pusieron este nombre las personas que envié a descubrir por mar aquella costa seis años ha, y poblaré otra ciudad y efectuaré en ella y en su perpetuación lo que en las demás, dándome Dios vid.

Lo que puedo decir con verdad de la bondad de esta tierra es, que cuantos vasallos de V. M. están en ella y han visto la Nueva España, dicen ser mucha más cantidad de gente que la de allá: es toda un pueblo y una simentera y una mina de oro, y si las casas no se ponen unas sobre otras, no pueden caber en ella más de las que tiene; próspera de ganado como lo del Perú, con una lana que le arrastra por el suelo; abundosa de todos los mantenimientos que siembran los indios para su sustentación, así como maíz, papas, quinua, mare, ají y frísoles. La gente es crecida, doméstica y amigable y blanca y de lindos rostros, así hombres como mujeres, vestidos todos de lana a su modo, aunque los vestidos son algo groseros. Tienen muy gran temor a los caballos; aman en demasía los hijos y mujeres y las casas, las cuales tienen muy bien hechas y fuertes con grandes tablazones, y muchas muy grandes, y de a dos, cuatro y ocho puertas; tiénenlas llenas de todo género de comida y lana; tienen muchas y muy pulidas vasijas de barro y madera; son grandísimos labradores y tan grandes bebedores; el derecho de ellos está en las armas, y así las tienen todos en sus casas y muy a punto para se defender de sus vecinos y ofender al que menos puede; es de muy lindo temple la tierra y que se darán en ella todo género de plantas de España mejor que allá: esto es lo que hasta ahora hemos reconocido de esta gente.

Dende a dos meses que llegué de la ciudad Imperial a reformar esta de la Concepción, recibí un pliego de V. M. enderezado a mí, y en él una carta, firmada de los muy altos y muy poderosos señores Príncipe Maximiliano y Princesa, nuestra señora, en nombre de V. M. respuesta de una mía que escribí del valle de Andaguaylas, de las provincias del Perú, que me la enviaron de la Real Audiencia que reside en aquellas provincias. He recibido carta de un caballero que se dice don Miguel de Avendaño, hermano de doña Ana de Velasco, mujer del comendador Alonso de Alvarado, mariscal del Perú, que viene a servir a V M. a estas partes en compañía del teniente Francisco de Villagra, cómo me trae un despacho de V. M., y tengo aviso es el duplicado de éste. En el pliego que digo que recibí, venían cuatro cartas de V. M. para las ciudades de Santiago y La Serena y para los Oficiales de V. M. y para el capitán Diego Maldonado: todas se dieron a quien venían, y así daré las demás que V. M. fuere servido mandar vengan a mí enderezadas. Asimismo me enviaron del Perú otra, que V. M. había mandado escribir en mi recomendación al presidente Pedro de la Gasca, que parece ser era ya ido a España, y otra en recomendación de Leonardo Cortés, hijo del Licenciado Cortés, del Consejo de V. M. Yo haré en su Real nombre, en su honra y aprovechamiento, lo que en este caso me es por V. M. mandado, por tan señalada merced como se me hizo y recibí en ver esta carta, por la cual me certifica V. M. tenerse por servido de mí, así en lo que trabajé en las provincias del Perú contra el rebelado Pizarro como en la conquista, población y perpetuación de estas del Nuevo Extremo, y que mandará tener memoria de mi persona y pequeños servicios. Beso cien mil veces los pies y manos de V. M., y yo estoy bien confiado que por más que yo me esmere en hacerlos, será harto más crecido el galardón y conforme a como V. M. suele dispensar en este caso con sus súbditos y vasallos que bien le sirven y tienen la voluntad de servir que yo.

Dos días después que llegaron estos despachos de V. M., recibí una carta, de los dieciocho de mayo de este presente año de quinientos cincuenta y uno, del capitán Francisco de Villagra, mi lugarteniente, que, como a V. M. escribí, luego como di la vuelta de las provincias del Perú, cuando fui a servir contra la rebelión de Pizarro, le despaché con los dineros que pude a que me trajese la gente y caballos que pudiese, y en su compañía envié al capitán Diego Maldonado. Y él fue el que se atrevió con ocho gentiles hombres a atravesar la cordillera por me dar aviso de esto, y quiso Dios que la halló sin nieve; escribióme cómo traía doscientos hombres, y entre ellos venían cuatrocientos caballos y yeguas, y quedaba en el paraje de la ciudad de Santiago de la otra parte de la nieve, y que no se determinaba de pasar hasta tener respuesta mía y ver lo que le enviaba a mandar y convenía que hiciese en servicio de V. M. Luego le respondí con el mismo capitán que, por perseverar en servir, como siempre lo ha acostumbrado, tuvo por bien de tomar este doble trabajo.

Escribióme asimismo el teniente y también me dio relación el capitán cómo en el paraje donde yo tengo poblada la ciudad de La Serena, de la otra banda de la dicha cordillera, halló poblado un capitán que se llama Juan Núñez de Prado, que es un soldado que digo en mi carta duplicada que topé en la cuesta el día que pasé la puente, cuando íbamos a dar la batalla a Gonzalo Pizarro, que se pasaba huyendo de su campo a nuestra parte, que el presidente licenciado Pedro de la Gasca le dio comisión para que fuese a poblar a un valle de que tenía noticia, que se llamaba de Tucuma, y pobló un pueblo y le nombró la ciudad del Barco.

Parece ser que pasando el dicho teniente Villagra por treinta leguas apartado de la ciudad del Barco, que así se lo mandó el dicho Presidente en la ciudad de los Reyes, el Juan Núñez de Prado, con gente de caballo, dio de sobresalto de noche en el campo del Villagra, disparando arcabuces, rindiendo y matando soldados y apellidando «viva el Rey y Juan Núñez de Prado». Y la causa él la debe de saber y a lo que se pudo alcanzar, sería por deshacer aquella gente, si pudiera, y recogerla él, porque no se podía sustentar con la que trajo en su compañía, y conveníale dar la vuelta al Perú, y por hacer de las zagalagardas que se habían usado en aquellas provincias. Después de puesto remedio en esto, el Juan Núñez de Prado, de su voluntad, sin ser forzado, se desistió de la autoridad que tenía y le había dado el Presidente, diciendo que él no podía sustentar aquella ciudad; y el cabildo y los vecinos y estantes en ella, requirieron a Francisco de Villagra, que pues ella caía en los límites de esta mi gobernación, que la tomase a su cargo y en mi nombre la proveyese de su mano para que se pudiese sustentar y perpetuar. Y viendo él que si de esta parte de la Mar del Sur de otra no puede ser favorecida, la redujo en nombre de V. M. bajo de mi protección y amparo, como si fuere servido, podrá mandar ver por el auto judicial que sobre esto se hizo, y asimismo por el treslado de la instrucción que yo envié al dicho teniente de lo que había de hacer y ordenar para el pro de todo, que ambas escrituras van con esta carta y con el duplicado de las que llevó Alonso de Aguilera, en pliego para V. M. enderezado a la Real Audiencia de los Reyes, para que lo encaminen a recaudo al secretario Joan de Samano.

En el despacho que llevó Alonso de Aguilera, decía en mis cartas que en poblando en las provincias de Arauco, despacharía al capitán Jerónimo Alderete, criado de V. M., con la discreción de la tierra y relación de toda ella y con el duplicado. Y como testigo de vista que es de los servicios que a V. M. he hecho, así en estas provincias como en las del Perú, sabría dar muy entera relación: es su persona tan necesaria e importante al servicio de V. M. para en las cosas de acá, que así por esto, como por esperar a poblar en el río de Valdivia, que tengo por cierto es el riñón de la tierra y donde hay oro sobre ella, hasta que esto se haga, se dilata su ida por ocho o diez meses, y a la hora será más a propósito y llevará más claridad de lo que conviene al servicio de V. M. y yo deseo.

Asimismo hago saber a V. M. que yo traigo a la continua muy ocupado al dicho capitán Jerónimo Alderete en cosas de la guerra y lo más importante al servicio de V. M. que puede ser en estas partes, y, a esta causa, él no puede atender, como querría y es obligado, al oficio de tesorero de las Reales haciendas de que V. M. le mandó proveer y hacer merced; y aunque yo he intentado de proveer de otro tesorero, hasta que V. M., avisado de su voluntad, mande proveer en esto, por tenerle lástima viendo lo que trabaja, no lo ha querido dejar diciendo quiere servir en él, aunque trabaje en lo demás, hasta que V. M. sea avisado de ello y servido de mandar proveer a otra persona que no tenga las ocupaciones tan justas para lo dejar de servir, como él tiene. Yo suplico a V. M. muy humillmente sea servido enviar a mandar por su cédula que no use el dicho oficio y V. M. mande proveer persona que lo use y tenga como es menester y conviene. Por muy largos tiempos guarde Nuestro Señor la sacratísima persona de V. M. con aumento de la cristiandad y monarquía del universo. De esta ciudad de la Concepción del Nuevo Extremo a 25 de septiembre de 1551 años. S. C. C. M.: El más humil súbdito, vasallo y criado de V. M., que sus sacratísimos pies y manos besa.

Pedro de Valdivia.

Al príncipe don Felipe. Santiago, 26 de octubre de 1552

Muy alto y muy poderoso señor: De la ciudad de la Concepción, a los cinco de octubre de 1550, con mensajero propio, que se decía Alonso de Aguilera, escribí a V. Alteza lo que había que decir después que a esta tierra vine a servir, hasta aquel punto, y con una carta que a S. M. escribí a los veinticinco de setiembre de 1551, envié el duplicado de aquélla. De lo que tengo que dar razón después acá, es que en la ciudad de la Concepción hice cuarenta vecinos; por el marzo adelante de 1551 poblé la ciudad Imperial, donde hice ochenta: tienen todos sus cédulas. Por febrero de este presente año de 1552, poblé la ciudad de Valdivia; tienen de comer cien vecinos; no sé si cuando les hubiere de dar las cédulas podrán quedar todos. Por el abril adelante poblé la Villarrica, que es por donde se ha de descubrir la Mar del Norte. Hice cincuenta vecinos; todos tienen indios, y así iré conquistando y poblando, hasta ponerme en la boca del Estrecho, donde, siendo S. M., como digo en su carta, y V. Alteza servidos, habiendo oportunidad de sitio donde se pueda fundar una fortaleza, se hará, para que ningún adversario entre ni salga sin licencia.

Para dar a su Majestad y a V. Alteza cuenta de lo sucedido después que emprendí esta jornada hasta el día de hoy, va el capitán Jerónimo Alderete, criado de la Real Casa de V. Alteza: es una de las preeminentes personas que conmigo vinieron a esta tierra y que bien han acertado a servir, así en el descubrimiento, conquista y población de ella, como en el Perú contra Gonzalo Pizarro, que le llevé en mi compañía en aquella jornada. Sabrá de todo dar muy entera relación, como testigo de vista, porque le he encargado cargos honrosos y de confianza en la guerra y en lo que toca a la guardia de las Reales rentas de V. Alteza, y siempre ha dado de todo la cuenta y razón que acostumbran dar los caballeros e hijosdalgo, verdaderos y leales vasallos de V. Alteza y celosos de su Real servicio, como en la verdad él lo es; y a esta causa y por conocerle por tal, le envío.

Suplico a V. Alteza se mande informar de él de los servicios por mí hechos en aumento del patrimonio y Real Corona de España, y conforme a ellos, V. Alteza sea servido de me gratificar y hacer mercedes, con aquella liberalidad que su Majestad, como señor y monarca tan agradecido, acostumbra hacerlas a la continua a todos aquellos caballeros e hijosdalgo que bien y lealmente le han servido y sirven, como yo lo he hecho y haré hasta la muerte; y de mi voluntad y obras y de lo que serví en el Perú, creo S. M. y Vuestra Alteza estarán entendidos por relación del Licenciado Pedro Gasca y por otras personas que de ello habrán asimismo dado cuenta a Vuestra Alteza, y ahora de nuevo la dará más copiosa el capitán Jerónimo Alderete, como persona que en todo se ha hallado y le ha cabido buena parte de trabajos y gastos por servir a Vuestra Alteza, y a esta causa está y queda bien adeudado en esta tierra.

Las mercedes que conforme a su relación y a mis servicios fueren S. M. y Vuestra Alteza servidos de me hacer, suplico muy humillmente las traiga el portador de ésta, confirmadas de S. M., porque los gastos que los mensajeros hacen en ir y volver de tan lejas tierras son muy costosos en extremo, y yo estoy muy adeudado por servir y empeñado en cantidad de más de doscientos mil pesos de oro, sin otros quinientos mil que he gastado en el descubrimiento, conquista, población, sustentación y perpetuación de estos reinos, que son de los mejores que a Vuestra Alteza se le han descubierto y donde más servido será.

Yo quedo despachando al capitán Francisco de Villagra, verdadero y leal vasallo de Vuestra Alteza y que ha mucho servido en estas partes con los cargos más preeminentes que yo le he podido dar en su cesáreo nombre, para que desde la Villa-Rica que está en cuarenta y dos grados de esta parte de la equinoccial, pase a la Mar del Norte, porque los naturales que sirven a la dicha villa dicen estar hasta cien leguas de ella. Trabajaré de que se descubra aquella costa y de poblarla, porque Vuestra Alteza será muy servido de ello. Lo que debo a mercaderes del ayuda que hicieron al capitán Francisco de Villagra en el Perú para conducir a esta tierra hasta ciento y ochenta hombres que trajo en su compañía, pasa la cantidad de sesenta mil pesos de oro.

Asimismo despacharé, con el ayuda de Dios y siendo Él servido, el verano que viene, porque al presente no puedo por la falta de naos que en esta tierra hay, a descubrir y aclarar la navegación del Estrecho de Magallanes: yo me hallé este verano pasado a ciento y cincuenta leguas de él, caminando entre una cordillera que viene desde el Perú y va prolongando este reino todo, yendo a la continua a quince y veinte leguas y menos de la mar, y ésta traviesa y la corta el Estrecho, y caminando por entre la costa y cordillera adelante de la ciudad de Valdivia, que está asentada en cuarenta grados y en el mejor puerto de mar y río que jamás se ha visto, la vuelta del Estrecho hasta cuarenta y dos grados. No pude pasar de allí a causa de salir de la cordillera grande un río muy caudaloso, de anchor de más de una milla, y así me subí el río arriba derecho a la sierra, y en ella hallé un lago de donde procedía el río, que al parecer de todos los que allí iban conmigo ternía hasta cuarenta leguas de bojo. De allí di la vuelta a la ciudad de Valdivia, porque se venía el invierno, y por despachar a S. M. y a Vuestra Alteza, al capitán Alderete, vine a esta ciudad de Santiago.

De aquí he proveído dos capitanes, el uno que pase la cordillera por las espaldas de esta ciudad de Santiago y traiga a servidumbre los naturales que desotra parte están. Y por la parte de la ciudad de La Serena entra el capitán Francisco de Aguirre, muy verdadero y leal vasallo de Vuestra Alteza, y persona de autoridad, el cual tengo allí puesto por teniente para que asimismo con su diligencia y prudencia traiga los demás naturales, porque aquella tierra está vista por el capitán Francisco de Villagra y por allí me trajo el socorro cuando le envié por él al Perú, como a Vuestra Alteza tengo escrito y escribo ahora. Es tierra en parte poblada y en parte inhabitable: trabajaré lo posible de traer todos aquellos naturales a la obediencia de Vuestra Alteza, como he hecho los demás, aunque un Juan Núñez de Prado despobló la ciudad del Barco que el dicho Villagra había favorecido en nombre de Vuestra Alteza y dejado bajo de mi protección, atento que de aquí podía ser favorecida y no de otra parte, y según han escrito, se fue al Perú, ahorcando un alcalde que defendía su perpetuación, porque conocía lo que importaba para una tal jornada estar allí poblado, porque mi intento no es otro, todo el tiempo que Dios me diere de vida, sino gastarla en servicio de Vuestra Alteza, como hasta aquí lo he hecho.

Por la noticia que de los naturales he habido y por lo que oigo decir y relatar a astrólogos y cosmógrafos, me persuado estoy en paraje donde el servicio de nuestro Dios puede ser muy acrecentado, y visto lo uno y lo otro, hallo por mi cuenta que donde más S. M. y Vuestra Alteza el día de hoy pueden ser servidos, es en que se navegue el Estrecho de Magallanes, por tres causas, dejadas las demás que se podían dar. La primera, porque toda esta tierra y Mar del Sur la terná Vuestra Alteza en España y ninguno se atreverá a hacer cosa que no deba; la segunda, que se terná muy a la mano toda la contratación de la especería, y la tercera, porque se podrá descubrir y poblar esa otra parte del Estrecho que, según estoy informado, es tierra muy bien poblada; y porque en lo demás no es razón yo dar parecer más de advertir a Vuestra Alteza de lo que acá se me alcanza y entiendo, como hombre que tiene la cosa entre manos, y por servir tan bien en esto a Vuestra Alteza, como ha hecho en lo demás, va el capitán Jerónimo de Alderete con determinación de hacer este servicio y meter la primera bandera de Vuestra Alteza por el Estrecho, de lo cual estos reinos recibirían muy gran contento y Vuestra Alteza muy señalado servicio: para todo lo cual y lo tocante a mis cosas, suplico muy humillmente a Vuestra Alteza otra y muchas veces, sea servido mandar que se le dé todo favor y ayuda para que un tan califi-cado servicio como éste se haga a Vuestra Alteza, haciéndole las mercedes conforme a los por él hechos en lo pasado y por los que nuevamente quiere emprender. Y porque, como dicho es, él sabrá dar razón de todo lo que se le pidiere y lleva la relación de la tierra, aunque la discreción de ella no puede ir ahora, atento que traigo, así por la tierra adentro como por la costa, cosmó-grafos que la pongan en perfección para la enviar a S. M. y a Vuestra Alteza y no estar acabada: enviarla he con los primeros navíos que partan.

Asimismo, lleva el capitán Alderete el oro que de los Reales quintos se ha habido después acá que se envió lo que había en la Real Caja de Vuestra Alteza con el capitán Esteban de Sosa, dirigido al Presidente Gasca, que no le halló en los Reyes, porque era ido a España, y lo dejó allí a los Oficiales de Vuestra Alteza, y como al presente no se saca oro sino en esta ciudad de Santiago y La Serena, atento que no consiento se saque tan presto en las demás que tengo pobladas, a causa de asentar y simentar bien los naturales y que los vecinos se perpetúen en hacer sus casas y darse a sembrar y criar por ennoblecer la tierra para su perpetuación, es poco lo que lleva: como se comience a sacar en todas las que hasta el presente tengo pobladas, se dará gran fruto y ayuda a S. M. y a Vuestra Alteza para sus necesidades y gastos, pues los que hacen son tan santos, buenos y provechosos para el servicio de nuestro Dios y sustentación de la cristiandad.

En lo que yo he tenido especial cuidado, trabajado y hecho último de potencia después que a esta tierra vine, es en el tratamiento de los naturales para su conservación y doctrina, certificando a Vuestra Alteza ha llevado la ventaja esta tierra a todas cuantas han sido descubiertas, conquistadas y pobladas hasta el día de hoy en Indias, como lo podrá Vuestra Alteza mandar entender, no solamente del mensajero, pero de las demás personas que de estas partes han ido hasta hoy y fueren de aquí adelante a nuestras Españas.

A la conversión a nuestra santa fe y creencia de los naturales ha mucho ayudado con su doctrina y predicación el bachiller en teología Rodrigo González, clérigo presbítero, hermano de don Diego de Carmona, deán de la Santa Iglesia de Sevilla, como últimamente escribí a Vuestra Alteza con Alonso de Aguilera. En mi carta suplicaba, de parte de todos los vasallos de Vuestra Alteza y mía, que le conocemos y tenemos experimentado su buena y honesta vida, fuesen servidos S. M. y Vuestra Alteza de nos le nombrar por nuestro perlado en esta gobernación; lo mismo suplicamos ahora, pues las causas y razones que hay para la ascensión de su persona a esta dignidad, siendo servidos de nos hacer esta merced, a todos están acá muy notorias.

Las provisiones que S. M. ha mandado enviar y han llegado a mi poder sobre los casados que vayan o envíen por sus mujeres, y la que habla sobre la orden que se ha de tener en los pleitos de indios y todas las demás que a mi poder vinieren serán por mí obedecidas y cumplidas conforme a como en ellas se relatare y más me pareciere convenir al servicio de Vuestra Alteza, paz y quietud de sus vasallos y de esta tierra y naturales y de su perpetuación, que todo es mi principal interese y el deseo que tengo de acrecentar, en todo es el que significo por esta mi carta a Vuestra Alteza, cuya Real persona Nuestro Señor guarde por muchos años, con acrecentamiento de mayores reinos y señoríos. De esta ciudad de Santiago a 26 de octubre de 1552 años. De Vuestra Alteza el más humilde súbdito y vasallo que tus Reales manos besa.

Pedro de Valdivia.

Al emperador Carlos V. Santiago, 26 de octubre de 1552

Sacratísimo César. Estando V. M. tan bien ocupado en el servicio de nuestro Dios, defensa y conservación de la cristiandad contra el común enemigo turco y errónea luterana, más justo sería ayudar con obras que estorbar con palabras. Pluguiera a nuestro Dios que yo me hallara con mucha cantidad de dineros y en presencia de V. M. para que me empleara en servir, aunque donde quedo no estoy de balde, pero, a la verdad, a mí me fuera en gran contentamiento, y así procuraré abreviar.

Yo tengo dada relación por mis cartas a V. M. cómo fui a servir al Perú contra la rebelión de Gonzalo Pizarro, y desde Andaguaylas escribí, y con solos diez y siete meses que por allá me detuve en servir, vuelto a esta gobernación, donde tenía poblada esta ciudad de Santiago y La Serena, hallé la tierra toda puesta en arma y La Serena quemada, y muertos cuarenta y tres cristianos por los naturales, y de cómo la torné a reedificar y poblar, y de lo demás que me pareció convenir, di larga cuenta a V. M. con un mensajero que de la ciudad de la Concepción despaché, llamado Alonso de Aguilera, a los quince de octubre de 1550.

De los veinticinco de setiembre del año pasado de 1551 es la última carta que a V. M. tengo escrita; con ella fue el duplicado de la que llevó Alonso de Aguilera; el despacho todo fue dirigido al Audiencia Real de los Reyes para que de allí se encaminase: tengo por cierto habrá habido recaudo; donde no, con ésta va la duplicada de los veinticinco, por do se sabrán las causas por que no despaché en aquella coyuntura al capitán Jerónimo de Alderete, criado de V. M.

Como dije en aquellas cartas, a los cinco de octubre del año de 1550 poblé la ciudad de la Concepción, hice en ella cuarenta vecinos; por el marzo adelante de cincuenta y uno poblé la ciudad Imperial, donde hice otros ochenta vecinos: todos tienen sus cédulas; por febrero de este presente año de 1552 poblé la ciudad de Valdivia, tienen de comer cien vecinos: no sé si cuando les hubiere de dar las cédulas podrán quedar todos. Dende a dos meses, por el abril adelante, poblé la Villa-Rica, que es por donde se ha de descubrir la Mar del Norte: hice cincuenta vecinos, todos tienen indios; y así iré conquistando y poblando hasta ponerme en la boca del Estrecho, y siendo V. M. servido y habiendo oportunidad de sitio donde se pueda fundar una fortaleza, se hará para que ningún adversario entre ni salga sin licencia de Vuestra Majestad.

Para dar a V. M. cuenta de todo lo sucedido después que yo emprendí esta jornada hasta el día de hoy, va el capitán Jerónimo Alderete, criado y tesorero de V. M.: es una de las preeminentes personas que conmigo vinieron a esta tierra y que bien han acertado a servir, así en el descubrimiento, conquista y población de ella como en el Perú contra Gonzalo Pizarro, que le llevé en mi compañía en aquella jornada: sabrá muy bien dar entera relación como testigo de vista de todo, porque le he encargado cargos honrosos y de gran confianza en la guerra y en lo que toca a la guardia de las Reales haciendas de V. M.; y siempre ha dado de ellos la cuenta y razón que los caballeros hijosdalgo, verdaderos y leales vasallos de V. M. y celosos de su cesáreo servicio, como en la verdad él lo es, y a esta causa y por conocerle por tal, le envío.

Suplico a V. M. se mande informar de él de los servicios por mí hechos a V. M. en aumento de la Real Corona de España, y conforme a ellos V. M. sea servido de me gratificar y hacer mercedes con aquella liberalidad que acostumbra, como señor y monarca tan agradecido, hacerlas a la continua a todos aquellos caballeros e hijosdalgo que bien y lealmente le han servido y sirven, como yo lo he hecho y haré hasta la muerte; y de mi voluntad y obras y de lo que serví en el Perú, creo V. M. estará entendido por relación del Licenciado Pedro Gasca y por otras personas que de ello habrán asimismo dado cuenta a V. M., y ahora de nuevo la dará más copiosa el capitán Jerónimo Alderete, como persona que en todo se ha hallado y le ha cabido su buena parte de trabajos y gastos por servir bien, y por ello está y queda bien adeudado en esta tierra.

Y las mercedes que conforme a su relación y mis servicios V. M. fuere servido de me hacer, suplico muy humillmente las traiga el portador de ésta confirmadas de V. M., porque los gastos que los mensajeros hacen en ir y venir de tan lejas tierras son muy costosos en extremo, y yo estoy muy adeudado y empeñado en cantidad de más de doscientos mil pesos de oro, sin otros quinientos mil que he gastado en el descubrimiento, conquista, población, sustentación y perpetuación de estos reinos, que son de los mejores que a V. M. se le han descubierto y donde más servido será.

Yo quedo despachando al capitán Francisco de Villagra, verdadero y leal vasallo de V. M., que ha mucho servido en estas partes con los cargos más preeminentes que yo le podido dar en su cesáreo nombre, para que desde la Villa Rica, que está en cuarenta y dos grados de esta parte de la equinoccial, pase a la Mar del Norte, porque los naturales que sirven a la dicha Villa dicen estar hasta cien leguas de ella: trabajaré de que se descubra aquella costa y de poblarla, porque V. M. será muy servido de ello. Lo que debo a mercaderes, de la ayuda que hicieron al dicho capitán Francisco de Villagra en el Perú para conducir a esta tierra ciento y ochenta hombres que trajo en su compañía, pasa la cantidad de sesenta mil pesos de oro.

Asimismo despacharé, con el ayuda de Dios y siendo Él servido, el verano que viene, porque al presente no puedo por la falta de naos que en esta tierra hay, a descubrir y aclarar la navegación del Estrecho de Magallanes. Yo me hallé este verano pasado ciento y cincuenta leguas de él, caminando entre una cordillera que viene desde el Perú y va prolongando todo este reino, yendo a la continua a quince y veinte leguas y menos de la mar, y ésta traviesa y la corta el Estrecho; y caminando por entre la costa y la cordillera adelante la ciudad de Valdivia, que está en cuarenta grados y en el mejor puerto de mar y río que jamás se ha visto, la vuelta del Estrecho hasta cuarenta y dos grados, no pude pasar de allí a causa de salir de la cordillera grande un río muy caudaloso, de anchor de más de una milla, y así me subí el río arriba derecho a la sierra, y en ella hallé un lago de donde procedía el río, que al parecer de todos los que allí iban conmigo, tenía hasta cuarenta leguas de bojo. De allí di la vuelta a la ciudad de Valdivia, porque se venía el invierno, y por despachar a V. M. al capitán Alderete, vine a esta ciudad de Santiago.

De aquí he proveído dos capitanes: el uno que pase la cordillera por las espaldas de esta ciudad de Santiago y traiga a servidumbre los naturales que desotra parte están.

Y por la parte de la ciudad de La Serena entra el capitán Francisco de Aguirre, muy verdadero y leal vasallo de V. M., el cual tengo allí puesto por teniente, para que asimismo con su diligencia y prudencia traiga los demás naturales, porque aquella tierra está vista por el capitán Francisco de Villagra, y por allí me trajo el socorro cuando le envié al Perú, como a V. M. tengo escrito y escribo en ésta. Es tierra en parte poblada y en parte inhabitada; trabajaré lo posible de traer todos aquellos naturales a la obediencia de V. M., como he hecho los demás, aunque un Juan Núñez de Prado despobló la ciudad del Barco, que el dicho Villagra había favorecido en nombre de V. M. y dejado debajo de mi protección, atento a que de aquí podría ser proveída y no de otra parte, y, según han escrito, se fue al Perú, ahorcando a un alcalde que defendía su perpetuación, porque conocía lo que importaba para una tal jornada estar allí poblado; porque mi intento no es otro, todo el tiempo que Dios me diere de vida, sino gastarla en servicio de V. M, como hasta aquí lo he hecho.

Por la noticia que de los naturales he habido y por lo que oigo decir y relatar a astrólogos y cosmógrafos, me persuado estoy en paraje donde el servicio de nuestro Dios puede ser muy acrecentado; visto lo uno y lo otro, hallo por mi cuenta que donde más V. M. el día de hoy puede ser servido, es en que se navegue el Estrecho de Magallanes, por tres causas, dejadas las demás que se podían dar: la primera, porque toda esta tierra y Mar del Sur la terná V. M. en España y ninguno se atreverá a hacer cosa que no deba; la segunda, que terná muy a la mano toda la contratación de la especería, y la tercera, porque se podrá descubrir y poblar esa otra parte del Estrecho, que según estoy informado, es tierra muy bien poblada; y porque en lo demás no es razón yo dar parecer, mas de advertir a V. M. de lo que acá se me alcanza y entiendo como hombre que tiene la cosa entre manos, no lo doy; y por servir en esto también a V. M., como ha hecho en lo demás, el capitán Jerónimo de Alderete va con determinación de hacer este servicio y meter la primer bandera de V. M. por el Estrecho, de lo cual estos reinos recibirán muy gran contentamiento y V. M. muy señalado servicio; para todo lo cual y para lo tocante a mis cosas, suplico muy humillmente a V. M., otra y muchas veces, sea servido mandar que se le dé todo favor y ayuda, para que un tan calificado servicio como éste se haga a V. M., haciéndole las mercedes conforme a los por él hechos en lo pasado y por los que nuevamente quiere emprender; y porque, como dicho es, él sabrá dar razón de todo lo que se le pidiere y lleva la relación de la tierra, aunque la discreción no puede ir ahora, atento que traigo, así por la tierra adentro como por la costa, cosmógrafos que la pongan en perfección para la enviar a V. M. y no está acabada, enviarla he con los primeros navíos que partan.

Asimismo lleva el capitán Alderete el oro que de los Reales quintos se ha habido después acá que se envió lo que había en la Real Caja de V. M. con un capitán dicho Esteban de Sosa, dirigido al Presidente Gasca, que no le halló en los Reyes, porque era partido a España, y lo dejó allí a los Oficiales de V. M.; y como al presente no se saca oro sino en esta ciudad de Santiago y La Serena, atento que no consiento se saque tan presto en las demás que tengo pobladas, a causa de asentar y simentar bien los naturales y que los vecinos se perpetúen en hacer sus casas y darse a sembrar y criar por ennoblecer la tierra para su perpetuación, es poco lo que lleva; como se comience a sacar en todas las que hasta el presente tengo pobladas, se dará gran fruto y ayuda a V. M. para sus necesidades y gastos, pues los que hace son tan santos, buenos y provechosos para el servicio de nuestro Dios y sustentación de la cristiandad y de su Iglesia Romana y Pastor universal que reside y tiene la silla de San Pedro, como vicario de Cristo.

En lo que yo he tenido especial cuidado, trabajado y hecho último de potencia, después que a esta tierra vine, es en el tratamiento de los naturales para su conservación y doctrina, certificando a V. M. ha llevado en este caso la ventaja esta tierra a todas cuantas han sido descubiertas, conquistadas y pobladas hasta el día de hoy en Indias, como lo podrá V. M. mandar entender no solamente del mensajero, pero de las demás personas que de estas partes han ido hasta hoy y fueren de aquí adelante en nuestras Españas.

A la conversión de los naturales a nuestra santa fe y creencia ha mucho ayudado con su doctrina y predicación el bachiller en teología Rodrigo González, clérigo presbítero, hermano de don Diego de Carmona, deán de la Santa Iglesia de Sevilla, como últimamente escribí a V. M. con Alonso de Aguilera. En mi carta suplicaba, de parte de todos los vasallos de V. M. y mía, que le conocemos y tenemos experimentado su buena y honesta vida, fuese servido V. M. de nos lo nombrar por nuestro perlado en esta gobernación; lo mismo suplicamos ahora, pues las causas y razones que hay para la ascensión de su persona a esta dignidad, siendo V. M. servido de nos hacer esta merced a todos, están acá muy notorias.

Las provisiones que V. M. ha mandado se enderecen a mí sobre los casados que están en estas provincias para que vayan o envíen por sus mujeres, y la que habla sobre la orden que se ha de tener en los pleitos de indios, y todas las demás que a mi poder vinieren serán por mí obedecidas y cumplidas conforme a como en ellas se relatare y más me pareciere convenir al servicio de V. M., paz y quietud de sus vasallos y de esta tierra y naturales y de su perpetuación, que todo esto es mi principal interese, y el deseo que tengo de acertar en todo y bien servir es el que he significado y significo siempre por mis cartas a V. M., cuya sacratísima persona por infinitos años guarde Nuestro Señor con acrecentamiento de mayores reinos y monarquía de la cristiandad.

De esta ciudad de Santiago, a 26 de octubre de 1552 años. Sacratísimo César: El más humilde súbdito y vasallo de V. M., que sus sacratísimos pies y manos besa.

Pedro de Valdivia.